Lukas Haffert

Stadt, Land, Frust

Eine politische Vermessung

C.H.Beck

EDITION
MERCATOR
C·H·Beck

www.chbeck.de
Umschlagkonzept: GROOTHUIS. Gesellschaft der Ideen und Passionen mbH
Satz: C.H.Beck.Media.Solutions, Nördlingen
Druck und Bindung: Pustet, Regensburg
Gedruckt auf säurefreiem und alterungsbeständigem Papier
Printed in Germany
ISBN 978 3 406 78249 7

myclimate

klimaneutral produziert
www.chbeck.de/nachhaltig

Inhalt

1
Stadt, Land, Frust?

Die Rache der Dörfer.[1] Die ländliche Revolte.[2] Der Aufstand der Orte, die nicht zählen.[3] Die Rebellion der Abgehängten und Zurückgelassenen, der Globalisierungsverlierer, die sich fremd im eigenen Land fühlen. So oder so ähnlich lauten die Formeln, mit denen versucht wird, den gemeinsamen Kern verschiedener politischer Schocks der letzten Jahre zu beschreiben: von der Wahl Donald Trumps über den Brexit bis zu den Gelbwesten-Protesten in Frankreich. Der Angriff auf die liberale Demokratie scheint vor allem in ländlichen Regionen geführt zu werden, in Orten fern der Metropolen, in denen früher kleine Fabriken[4], der Bergbau[5] oder die Forstwirtschaft[6] für bescheidenen Wohlstand und sichere Jobs gesorgt hatten und die nun, nach dem Niedergang dieser Industrien, im postindustriellen Ressentiment versinken.

Eine wachsende Zahl sozialwissenschaftlicher Studien hat in den letzten Jahren begonnen, diese «Geografie der Unzufriedenheit»[7] zu vermessen. Der Gegensatz zwischen «urbanen Eliten» und abgehängten Dörfern ist inzwischen schon fast zum Klischee geworden, so oft wurde er in Reportagen beschrieben und in Leitartikeln analysiert. Wer sind diese wütenden Menschen auf dem Land, warum haben sie Trump, Le Pen oder Orbán gewählt – und was kann man tun, damit sie in Zukunft wieder damit aufhören? Verlangen diese Unzufriedenen vor allem wirtschaftliche Unterstützung, also schnelles Internet, eine bessere Infrastruktur und die Verlagerung von Arbeitsplätzen in die ländliche Peripherie? Oder geht es ihnen primär um symbolische Anerkennung, also um mehr Sendeminuten in den Abendnachrichten und häufigere Besuche des Ministerpräsidenten?

In Deutschland schien diese Meistererzählung allerdings lange nicht recht zu passen. Der Graben, der die Bundesrepublik politisch spaltet, scheint nicht zwischen Stadt und Land, sondern zwischen Ost und West zu verlaufen. Wer den Aufstieg der AfD erklären will, muss demzufolge vor allem die Kränkungen der Ostdeutschen verstehen. Dabei spielen Stadt-Land-Konflikte zwar eine Rolle, stehen aber keineswegs an erster Stelle.

Das gilt erst recht für den Westen, wo die AfD im Ruhrgebiet und in mittelgroßen Städten Süddeutschlands oft sehr viel besser abschneidet als in den ländlichen Räumen Niedersachsens oder Schleswig-Holsteins.[8] Wer wollte prosperierende ländliche Räume wie das Emsland, Niederbayern oder die schwäbische Alb als abgehängte Regionen bezeichnen, wenn gleichzeitig Westdeutschlands größter Ballungsraum auch sein größtes ökonomisches Sorgenkind ist? Natürlich gibt es in (West-)Deutschland boomende Metropolen, und auch im Westen gibt es kriselnde ländliche Räume – die Eifel, das Wendland, die Oberpfalz. Aber die deutsche Wirtschaftsstruktur ist viel dezentraler, viel heterogener als die französische oder britische.

Und dennoch: Auch in Deutschland häufen sich die Anzeichen für die Intensivierung eines Stadt-Land-Konflikts. So gehört es in Teilen des politischen Spektrums mittlerweile zum guten Ton, über die «urbanen Eliten» zu schimpfen, die in der «Berliner Blase» längst vom Latte Macchiato zum Flat White übergegangen sind, den sie dann auch noch auf Englisch bestellen. Über abgehobene großstädtische Kosmopoliten, deren Luxusprobleme für «die Menschen da draußen» wenig bis keine Relevanz haben. «Das ist hier nicht Berlin-Kreuzberg», erklärte Friedrich Merz seinem Publikum im thüringischen Apolda, «das ist mitten in Deutschland» – und klang damit tatsächlich ein wenig wie der deutsche Donald Trump, als der er gerne karikiert wurde.[9] Das Schreckensszenario, mit dem Jens Spahn 2021 in den Wahlkampfendspurt zog, lautete, eine SPD-geführte Regierung werde aus Deutschland «ein großes Berlin-Mitte machen»[10].

Natürlich, politische Rhetorik muss zuspitzen und vereinfachen. Doch es gibt auch handfestere Indizien für die wachsende Bedeutung des Stadt-Land-Konflikts als bloße Bierzeltparolen. So stehen hinter der kuriosen Wahlkampfdebatte über das Lastenfahrrad ja durchaus relevante Interessengegensätze in der Verkehrspolitik.[11] Auch in der Energiewende kollidieren die Interessen von Stadt und Land, beispielsweise beim Ausbau der Windenergie.[12] Sogar in der Pandemie wurden Stadt-Land-Unterschiede sichtbar. So ist die Impfskepsis in Deutschland, wie in vielen europäischen Ländern, auf dem Land deutlich höher.[13]

Am deutlichsten zeigt sich die wachsende politische Kluft aber in den Wahlergebnissen: Bei der Bundestagswahl 2021 war die Stadt-Land-Polarisierung so groß wie bei keiner Wahl zuvor. So verlor die AfD in Hamburg, München oder Köln mehr als ein Drittel ihrer Stimmen, während ihr Ergebnis in ländlichen Regionen relativ stabil blieb. Die Union, schon immer primär eine Partei der ländlichen Räume, kämpft in vielen Städten um ihre Existenz als Volkspartei. Vor allem aber ist der Aufstieg der Grünen primär ein großstädtisches und dort ein innenstädtisches Phänomen. So kamen sie bei der Bundestagswahl im ländlichen Erzgebirgskreis auf ganze 3,3% der Zweitstimmen, während sie in großstädtischen Wahlkreisen oft um die 30% der Stimmen erzielten. Wenn politische Polarisierung in Deutschland heute nicht mehr primär eine Polarisierung zwischen «Roten» und «Schwarzen» ist, sondern eine sehr viel schärfere Polarisierung zwischen AfD und Grünen, geht es also immer auch um Stadt und Land.

Warum kehrt dieser Konflikt gerade jetzt mit solcher Macht auf die politische Bühne zurück? Ökonomische und kulturelle Unterschiede zwischen Stadt und Land gab es schließlich immer – und Großstädter und Dorfbewohner haben auch schon immer unterschiedlich gewählt. Aber erst seit wenigen Jahren spitzt sich dieser Gegensatz auf eine Polarisierung zwischen Rechtspopulisten und Grünen zu, bei der es mindestens so sehr um Lebensstilfragen zu gehen scheint wie um handfeste materielle Interessen. Und erst heute wird dieser Konflikt symbolisch so stark zugespitzt wie in den zitierten Attacken auf Berlin. Woher kommt diese symbolische Aufladung, und warum macht sie sich so sehr an Berlin fest?

Dieses Buch versucht, eine Antwort auf diese Fragen zu geben. Dabei stützt es sich auf eine rasch wachsende Zahl sozialwissenschaftlicher Untersuchungen, die sich mit den ökonomischen und kulturellen Ursachen und den politischen Folgen der Stadt-Land-Spaltung beschäftigen. In den meisten dieser Analysen ist die Betrachtung von Stadt-Land-Konflikten allerdings nur ein Mittel zum Zweck. Ihr eigentliches Ziel besteht darin, den Aufstieg des Rechtspopulismus zu verstehen. Und das Interesse ist ja auch berechtigt: Ohne die Wähler in ländlichen Regionen wäre Trump nie Präsident geworden und Großbritannien noch Mitglied der EU.

Dieser Fokus auf den Rechtspopulismus sorgt aber dafür, dass Analysen eines sich vertiefenden Grabens zwischen Stadt und Land eine ganz bestimmte Perspektive einnehmen. Sie konzentrieren sich ganz überwiegend auf die ländliche Seite dieses Grabens, die, so der Ethnologe Wolfgang Kaschuba, ihr Veto gegen städtische Modernitätsvorstellungen einlege, indem sie Rechtspopulisten wähle.[14] Dagegen erscheinen die Städte als eine Art Standard- oder Normalfall, der keiner vertieften Analyse bedarf, was damit zu tun haben mag, dass die meisten Beobachter dieser

Konflikte, ob Journalisten oder Wissenschaftler, selbst in Städten zuhause sind.

Vor diesem Hintergrund lädt gerade der deutsche Fall dazu ein, die Frage nach Stadt und Land noch einmal anders zu stellen und beide Seiten gleichermaßen in den Blick zu nehmen. Der Aufstieg des Rechtspopulismus ist nur eines von mehreren Phänomenen, die gewinnbringend aus der Stadt-Land-Perspektive analysiert werden können. Die Wette, die dieses Buch eingeht, lautet deshalb, dass die Orte, die vorauseilen, ebenso zum Verständnis heutiger Polarisierung beitragen wie die Orte, die zurückbleiben.

Tatsächlich sind die Theorien, mit denen die politische Wiederkehr des Stadt-Land-Gegensatzes erklärt wird, ja ganz wesentlich Theorien über städtische Prozesse. Das gilt für die These von der Transformation zur «Wissensökonomie», in der der Austausch von Ideen zur zentralen Wachstumsquelle werde, wie für die Diagnose der Entstehung einer neuen akademischen Mittelschicht, die einem kosmopolitischen Lebensstil zur gesellschaftlichen Dominanz verhelfe.

In den Analysen des Rechtspopulismus erscheinen dessen Erfolge auf dem Land deshalb als «Backlash», der sich aus dem Frust über diese Prozesse speise. Das ist sicher nicht falsch, und auch das vorliegende Buch wird diese Perspektive einnehmen. Aber dadurch erübrigt sich nicht die Frage, welche politischen Reaktionen diese sozialstrukturellen Veränderungsprozesse in den Städten selbst auslösen. So wie zur Analyse des Globalisierungs-Backlashs die Analyse der Globalisierung gehört, gehört zur Analyse des Metropolen-Backlashs eine Analyse der Metropolen.

Wenn dieses Buch im Folgenden untersucht, warum der Gegensatz zwischen Stadt und Land im Begriff ist, eine der prägenden politischen Konfliktlinien unserer Zeit zu werden, dann wird es deshalb Stadt und Land gleichermaßen in den Blick nehmen. Es lassen sich ganz unterschiedliche politische Prozesse und Ereignisse besser verstehen, wenn man sie durch die Brille dieses Konflikts betrachtet. Das gilt für Wahlergebnisse, vor allem die der AfD und der Grünen, aber auch für die Fragmentierung des Parteiensystems insgesamt. Es gilt für die Qualität der demokratischen Repräsentation und die Frage, wer mit seinen Anliegen im politischen System Gehör findet. Und es gilt für Strategien der politischen Mobilisierung und deren mediale Resonanz.

Drei Grundannahmen

Drei Grundannahmen prägen den analytischen Zugriff des Buches. Die erste Annahme lautet, dass die Rückkehr des Konflikts zwischen Stadt und Land Ausdruck einer grundlegenden Verschiebung des politischen Koordinatensystems in Deutschland und praktisch allen westlichen Demokratien ist. In all diesen Ländern ist der klassische ökonomische Konflikt zwischen Links und Rechts, der das Parteiensystem der Nachkriegszeit strukturiert hatte, in doppelter Hinsicht unter Druck geraten.

Zum einen verläuft dieser Konflikt zunehmend nicht mehr zwischen «Arbeit» und «Kapital», sondern zwischen Gewinnern und Verlierern ökonomischer Modernisierungsprozesse, die mit Globalisierung, technischem Wandel und der Entstehung einer Wissensökonomie zu tun haben.[15]

Zum anderen wird die Bedeutung des ökonomischen Konflikts zunehmend von einem kulturellen Konflikt zwischen liberalen und autoritären Wertvorstellungen überlagert.[16] Dabei gibt es eine starke geografische Korrelation zwischen beiden Phänomenen: Die Gewinner der globalisierten Wissensökonomie leben mehrheitlich dort, wo auch die Befürworter einer nach innen und außen möglichst offenen Gesellschaft leben: in großen Wirtschaftsmetropolen wie Hamburg und München ebenso wie in meist kleineren Universitätsstädten wie Münster, Heidelberg oder Freiburg. Umgekehrt leben die Verlierer des wirtschaftlichen Wandels oft dort, wo viele Menschen an Traditionen und Grenzen festhalten wollen: in ländlichen Regionen wie der Lausitz, der Pfalz oder dem Harz.

Eine Analyse der heutigen Politik, die den Stadt-Land-Gegensatz in den Mittelpunkt stellt, macht sich also zunutze, dass Stadt und Land die Pole sowohl der ökonomischen als auch der kulturellen Achse markieren. Damit vermeidet man müßige Debatten darüber, welche der Spaltungen die wichtigere, ob also etwa der Aufstieg populistischer Parteien primär als ökonomisches oder als kulturelles Phänomen zu deuten sei.[17]

Natürlich reihen sich nicht alle deutschen Kreise oder Gemeinden einfach auf einer Skala von Metropole zu Provinz auf. So haben sich viele alte Industriestädte zu Universitätsstandorten mit starken linksliberalen Milieus gewandelt, ohne dass sie den Strukturwandel zu einer wissensbasierten Ökonomie schon gemeistert hätten. Und zugleich gehören zum deutschen Wirtschaftsmodell ganz maßgeblich die sogenannten «Hidden Champions», die für eine enorme wirtschaftliche Prosperität relativ peripherer Regionen verantwortlich sind, ohne dass damit gleichzeitig die Durchsetzung postmaterieller Werte und Lebensstile verbunden wäre. In dieser Vielfalt liegt aber der besondere Reiz des Projekts, die gegenwärtigen politischen Konflikte in Deutschland durch die Brille des Stadt-Land-Gegensatzes zu betrachten: Gerade weil er in Deutschland komplexer ist als in den USA oder in Großbritannien, ist er hier auch interessanter.

Die zweite Grundannahme lautet, dass Wählerinnen und Wähler eine komplexe politische Welt nicht als reine Individuen navigieren, sondern sich an Gruppen orientieren, denen sie angehören und die sie als relevant wahrnehmen. Die Fragen, ob man wählen geht, welche Partei man wählt und welche Themen bei der Wahlentscheidung im Vordergrund stehen, beantworten die wenigsten Menschen völlig unabhängig und für sich. Die meisten orientieren sich dabei an ihrem Umfeld und den Gruppen, die für sie wichtig sind. Deshalb ist Politik wesentlich ein Konflikt zwischen Gruppen: den Gruppen, denen man sich zugehörig fühlt, und den Gruppen der anderen.

Damit Gegensätze politisch wirksam werden, müssen sie also nicht bloß eine statistisch korrekte Beschreibung der Gesellschaft darstellen. Sie müssen auch als Gegensatz empfunden werden, der eine wichtige Alltagserfahrung vieler Menschen beschreibt. Soziostrukturelle Unterschiede werden deshalb vor allem dann politisch handlungsleitend, wenn Menschen sie als Teil ihrer sozialen Identität begreifen.[18] Erst wer sich als Angehöriger einer «Schicksalsgemeinschaft» begreift, wird auch im Sinne dieser Gemeinschaft politisch aktiv, möglicherweise sogar dann, wenn er oder sie von einer konkreten politischen Debatte gar nicht unmittelbar persönlich betroffen ist.[19]

Zu den bedeutendsten politischen Schicksalsgemeinschaften zählen seit jeher das eigene Dorf, die eigene Stadt oder Region, gerade in einem historisch so fragmentierten Land wie Deutschland. Wie die politische Karriere des Heimatbegriffs nahelegt, werden diese Identitätsquellen sogar wichtiger, in dem Maße, in dem andere Quellen von Identität wie Religion oder Klasse an Bedeutung verlieren.[20] Scheinbar triviale Identitätsanker wie lokale Traditionen, Sehenswürdigkeiten, Getränke oder Fußballvereine werden politisch wirksam, wenn sie dazu beitragen, dass auch Menschen, die mit dem Bergbau nichts zu tun haben, gegen die Schließung eines Bergwerks auf die Straße gehen: Erst stirbt die Zeche, dann stirbt die Stadt.

Wenn abgehängte Regionen für rechtspopulistische Parteien

stimmen, tun sie das also nicht allein deshalb, weil in ihnen besonders viele abgehängte Individuen leben. Stattdessen empören lokale Abstiegserfahrungen auch diejenigen, die selbst gar nicht abgehängt sind. Der Ort, an dem Menschen leben und arbeiten, beeinflusst zudem nicht nur ihren Standpunkt zu konkreten politischen Fragen, sondern auch, welche Fragen sie überhaupt als wichtig wahrnehmen. Wer in einer wachsenden Stadt lebt, wird das Thema «Mieten» naturgemäß als dringlicher empfinden als jemand, der auf dem Land lebt – auch wenn beide Personen in einem abgezahlten Reihenhaus leben.

Natürlich darf man die Bedeutung dieser Kontexteffekte nicht überzeichnen. Ein linker Berliner wird nicht über Nacht zum CDU-Wähler, wenn er aus beruflichen Gründen ins katholische Vechta zieht. Einen wichtigen Teil ihrer Einstellungsunterschiede bringen Städter und Dörfler bereits mit, wenn sie sich für ihren Wohnort entscheiden: Kosmopoliten zieht es in die Stadt, Kommunitaristen bleiben auf dem Land.[21] Für die politische Intensität von Stadt-Land-Konflikten ist die Frage, warum Städter oder Dorfbewohner zu einem «Wir» zusammenwachsen, aber auch nicht entscheidend. Wichtiger ist, dass dieses «Wir» existiert und politisch mobilisiert werden kann. Solange die beiden Gruppen unterschiedliche politische Ziele haben, kann ein Konflikt zwischen ihnen entstehen, unabhängig davon, ob der Zielkonflikt durch Sozialisation oder Selbstselektion entstanden ist.

Dieses «Wir» kann auch deshalb besonders gut mobilisiert werden, weil unser politisches System entlang geografischer Linien organisiert ist. Das gilt für den Staatsaufbau, mit seinen Ebenen aus Gemeinden, Kreisen und Ländern, wie für die Parteien mit ihren Orts-, Kreis- und Bezirksverbänden. Es gilt auch für die Wahlen selbst: Bei Bundestagswahlen wählen wir auf 299 verschiedenen Stimmzetteln. Wenn ein bestimmter Landesverband aus Gründen des Regionalproporzes noch im Bundeskabinett vertreten sein muss, mag das regelmäßig für Spott sorgen. Es ist aber Ausdruck davon, dass regionale Gruppen, anders als praktisch alle anderen gesellschaftlichen Gruppen, einen formalisierten Repräsentationsanspruch haben.

Eine latent vorhandene Chance zur Mobilisierung eines Konflikts benötigt allerdings konkrete Kristallisationspunkte, die von politischen Akteuren genutzt werden können, um diesen Konflikt zu aktivieren. In diesem Kontext gewinnt die Tatsache an Bedeutung, dass Deutschland heute, anders als zu Zeiten der «Bonner Republik», wieder über eine unbestrittene Metropole verfügt. Deshalb lautet die dritte Grundannahme schließlich, dass die Hauptstadt einen wichtigen Einfluss auf den Charakter des Stadt-Land-Konflikts in einem Land hat. Daher nimmt dieses Buch die Charakterisierung des wiedervereinigten Deutschlands als «Berliner Republik» ernst und fragt, welchen Einfluss Berlin selbst auf die politische Auseinandersetzung in Deutschland hat.

Die moderne Politikwissenschaft interessiert sich typischerweise nicht besonders für Hauptstädte, sondern überlässt sie als Thema Soziologen, Historikern und Geografen.[22] In der Regel konzentrieren sich Politikwissenschaftlerinnen und Politikwissenschaftler auf politische Akteure – Wähler, Parteien, Verbände – und auf die Institutionen, die das Zusammenspiel dieser Akteure strukturieren. Die Frage, in welchen konkreten geografischen Zusammenhängen Politik entsteht und wie Politik nach außen symbolisch repräsentiert wird, spielt dagegen nur selten eine Rolle.[23] Das mag damit zu tun haben, dass die Effekte von Hauptstädten empirisch schwer zu untersuchen sind: Jedes Land hat ja immer nur eine Hauptstadt, die sich zudem fast nie ändert.

Der Charakter der Hauptstadt beeinflusst die nationale Politik aus zwei Gründen. Zum einen beschränken sich die gerade beschriebenen Kontexteffekte nicht auf die Nachfrageseite der Politik – die Wähler –, sondern dürften analog auch auf die Angebotsseite wirken, also auf das, was gemeinhin als der «politische Betrieb» gilt. Zu diesem Betrieb gehören Abgeordnete und Minister, Mitarbeiter in Parlament und Parteizentralen, Ministerialbeamte, Berater, Verbandsvertreter, Lobbyisten, Thinktanker und nicht zuletzt Journalisten. Wenn der soziale Kontext, in dem Menschen leben und arbeiten, ihre Wahrnehmung politischer Probleme prägt, gilt dies natürlich auch für die Angehörigen des politischen Betriebs. Deshalb bleibt es nicht ohne Einfluss, dass Berlin heute der Kontext ist, in dem Meinung und Politik gemacht werden, in dem die Parteien ihre Positionen entwickeln, ihre Strategien formulieren und ihre führenden Köpfe auswählen.

Zum anderen leben politische Identitäten von einer zweifachen Einteilung in «Wir» und «die Anderen». Die Unterscheidung zwischen Stadt und Land dient dabei oft nicht bloß der Bestimmung eines «Wir», sondern mindestens ebenso sehr der Abgrenzung von «den Anderen». Diese Abgrenzung läuft allerdings vor allem in eine Richtung. Während «die Stadt» und «die Metropole» seit jeher scharfe Kritik auf sich ziehen, wird «das Land» nur selten zur Negativfolie überzeugter Städter.

Ebenso wie die erfolgreiche Identifikation des «Wir» sich aber häufig an konkreten Symbolen festmacht – der Dom, das Kölsch, der FC –, werden auch «die Anderen» regelmäßig an ebensolchen Symbolen identifiziert. Wer sich in den USA von Städtern abgrenzen will, kritisiert keine abstrakte Gruppe, sondern beschimpft New Yorker. Sein Gegner habe «New York values», warf der Texaner Ted Cruz seinem Kontrahenten Donald Trump im amerikanischen Vorwahlkampf 2016 vor, sei also gar kein Vertreter des «wahren» Amerika, sondern eigentlich Teil der verhassten Elite. Ganz ähnlich formulieren in Deutschland – siehe oben – Friedrich Merz oder Jens Spahn (und natürlich auch Alexander Gauland) mit Blick auf Berlin. In gewisser Weise handelt es sich beim Metropolen-Backlash also um einen Berlin-Backlash.[24] Ursachen und Form dieses Backlash lassen sich deshalb nur vollständig verstehen, wenn man berücksichtigt, dass Deutschland heute erstmals seit dem Zweiten Weltkrieg wieder ein Land mit einer Metropole ist. Aus der Bundesrepublik ist in den letzten 20 Jahren insofern tatsächlich eine «Berliner Republik» geworden.

Was sind «Stadt» und Land»?

An dieser Stelle ist es nötig, eine längere Bemerkung zur Begrifflichkeit vorauszuschicken. Die vereinfachende Gegenüberstellung von «Stadt» und «Land» erweckt den Eindruck, hierbei handle es sich um zwei homogene Gruppen, zwischen denen sich eine klare Unterscheidung ziehen lasse. Dabei seien die Städte die Heimat kosmopolitischer Modernisierungsgewinner, während auf dem Land kommunitaristische Modernisierungsverlierer lebten. Diese Gegenüberstellung ist aus mindestens drei Gründen zu simpel.

Erstens ignoriert sie die gerade in Deutschland sehr große Heterogenität innerhalb der beiden Gruppen. Es ist häufig üblich, «das Land» mit «abgehängten Regionen» und «die Städte» mit prosperierenden Metropolen gleichzusetzen. Das passt in Deutschland aber weder für «die Städte» noch für «das Land». Zwar sind Hamburg, München, Frankfurt und ihr jeweiliger Speckgürtel tatsächlich Beispiele für boomende, international vernetzte Metropolregionen. Für das Ruhrgebiet, den größten deutschen Ballungsraum, passt diese Beschreibung aber kaum. Nicht weniger groß sind die Unterschiede zwischen den ländlichen Regionen. Während es insbesondere in Ostdeutschland tatsächlich Regionen gibt, die unter Überalterung und schrumpfender Bevölkerung leiden, prosperieren Teile Niederbayerns, Brandenburgs oder Schwabens und ziehen auch neue Bevölkerung an.

Zweitens ignoriert diese simple Gegenüberstellung die großen Unterschiede innerhalb einzelner Großstädte. Nur weil München boomt, ist längst nicht jeder Münchner ein Modernisierungsgewinner. Im Gegenteil: Wie das Thema Mieten zeigt, werden viele Großstädter zu Opfern eines vom wirtschaftlichen Erfolg ihrer Stadt ausgelösten Verdrängungswettbewerbs. Umgekehrt gibt es in den Universitätsstädten des Ruhrgebiets Viertel, in denen die akademische Mittelklasse ebenso dominant ist wie in Teilen Hamburgs oder Kölns.

Wer über den politischen Kontext «Berlin» spricht, meint denn auch meistens die Bezirke innerhalb des S-Bahn-Rings, mit denen die Außenbezirke politisch wenig gemeinsam haben. So holten die Grünen bei der Bundestagswahl innerhalb des S-Bahn-Rings 35,2% der Stimmen, außerhalb dagegen bloß die Hälfte. Bei CDU und AfD waren die Verhältnisse gerade umgekehrt.[25]

Das ist keine Berliner Besonderheit. Abbildung 1.1 zeigt einen ganz ähnlichen Zusammenhang für das Grünen-Ergebnis in Hamburg: sehr stark in den Innenstadtbezirken, umso schwächer, je weiter man sich vom Stadtzentrum entfernt. Die Heterogenität innerhalb der Städte ist zudem Ausdruck einer noch größeren Homogenität einzelner Stadtteile: In Berlin, Hamburg oder Köln gab es bei der Bundestagswahl Viertel vom Umfang kleinerer Großstädte, in denen die Grünen mehr als 40% der Stimmen holten und die AfD weniger als 3%.

Drittens ignoriert die einfache Dichotomie zwischen Stadt und Land, dass ein gar nicht kleiner Teil der Bevölkerung weder in eindeutig städtischen noch in eindeutig ländlichen Kontexten lebt. Die Gemeinden an den S-Bahn-Trassen im Speckgürtel der

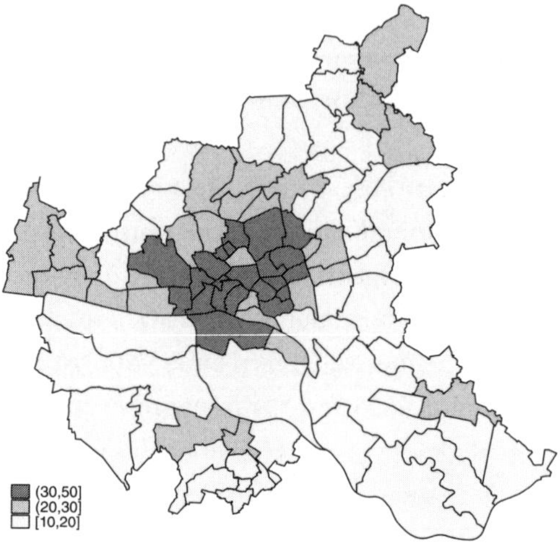

Abbildung 1.1: Zweitstimmenergebnis der Grünen in Hamburg auf Stadtteilebene, Bundestagswahl 2021, in Prozent

großen Städte sind zwar selbst nicht urban, gehören aber ebenso wenig zum ländlichen Raum. Sehr viele Menschen, die in diesen Gemeinden wohnen, pendeln täglich zur Arbeit in die Stadt und partizipieren somit am Großstadtleben. Zudem ziehen gerade Familien häufig aus der Stadt in diese «Zwischenstädte» und bringen ihre städtischen Prägungen und Erwartungen mit. Auch die deutschen Mittelstädte lassen sich nur schwer in dieser Dichotomie verorten.

Aus all diesen Gründen ist es sehr viel produktiver, sich «Stadt» und «Land» nicht als binäre Kategorien vorzustellen, sondern als Kontinuum, das von den wirklich urbanen Innenstadtbezirken der größten Städte bis zu wirklich ländlichen Räumen jenseits des Einzugsgebiets auch mittelgroßer Städte reicht.[26]

Eine Alternative zum Begriffspaar Stadt/Land könnte deshalb das Begriffspaar Zentrum/Peripherie sein, das in einem so föderalen Land wie Deutschland aber kaum eindeutiger wäre. Es würde letztlich auch nicht sehr viel daran ändern, welche Orte als privilegiert charakterisiert würden: Zwar sind nicht alle Städte Zentren, aber alle Zentren sind Städte. Ich bevorzuge die Begriffe Stadt und Land wegen der spezifischen ökonomischen und kulturellen Assoziationen, die mit ihnen einhergehen. Die Agglomerationseffekte der Wissensökonomie sind eben primär Effekte städtischer Verdichtung, ebenso wie ein kosmopolitischer Lebensstil fast automatisch ein urbaner Lebensstil ist.[27] Es sind diese Prozesse, die Städte zu Zentren und Dörfer zur Peripherie machen.

Aus diesen Überlegungen folgen sowohl konzeptionelle als auch praktische Konsequenzen. Konzeptionell verwendet dieses Buch die Begriffe «Stadt» und «Land» in der Regel als Idealtypen, mit denen einerseits «urbane Zentren» und andererseits die «ländliche Peripherie» markiert werden sollen. Dabei geht es mir vor allem darum, fassbar zu machen, dass sich an den Polen dieses Kontinuums Orte finden, die sowohl die Extrempunkte einer ökonomischen als auch einer kulturellen Konfliktachse markieren. Natürlich gibt es dazwischen viele Orte, in denen wirtschaftliche und kulturelle Entwicklungen nicht so eindeutig korrelieren und bei denen deshalb weniger klar ist, wie sie zu klassifizieren sind. Aber der Fokus auf die Idealtypen erlaubt, beide Dimensionen des politischen Konflikts gemeinsam in den Blick zu nehmen.

Hinzu kommt, dass die idealtypische Unterscheidung von «Stadt» und «Land» in der Realität wirksam ist, weil sie als Instrument politischer Mobilisierung verwendet wird. Hier gilt die politische Version des Thomas-Theorems: Kategorien, die Politiker als real definieren, haben reale politische Konsequenzen. Dass diese politischen Kategorien nicht 1:1 einer statistischen Beschreibung der Soziogeografie eines Landes entsprechen müssen, zeigt die Schweiz. Hier mobilisiert die rechtspopulistische

Schweizerische Volkspartei (SVP) den Stadt-Land-Gegensatz besonders lautstark in den sich urbanisierenden Bereichen der «Agglomeration».

Auf der praktischen Ebene folgt aus diesen Überlegungen, sich in der Empirie – wann immer möglich – um Kleinräumigkeit zu bemühen. Analysen auf aggregierter Ebene, etwa der von Bundestagswahlkreisen, unterschätzen das Ausmaß des Gefälles zwischen den urbansten und den ländlichsten Regionen häufig, weil nur die wenigsten Wahlkreise vollkommen urban oder vollkommen ländlich sind. Solche aggregierten Analysen lassen sich nicht immer vermeiden. In den meisten Fällen werde ich Wahlergebnisse oder Einstellungen aber auf der Ebene der Postleitzahlbezirke untersuchen. Dadurch lassen sich genauere Einblicke in einzelne Städte gewinnen und die Innenstadtviertel vom schon fast suburbanen Stadtrand unterscheiden.

Fahrplan

Die Berliner Republik, zu der sich Deutschland in den letzten 20 Jahren entwickelt hat, ist von einer merkwürdigen Gleichzeitigkeit geprägt. Einerseits ist sie ökonomisch und politisch äußerst erfolgreich. Aus der Außenperspektive wirkt das Land wie ein Musterfall einer stabilen Demokratie. Angela Merkel galt während der Trump-Jahre häufig sogar als Führerin der Freien Welt. Auch die Bundestagswahl 2021 bestätigt diese Diagnose auf den ersten Blick: Die Ränder haben verloren, die Mitte wurde gestärkt.

Schaut man genauer hin, wirken die politischen Institutionen der Berliner Republik allerdings fragiler.[28] Dabei ist der Aufstieg der AfD nur das sichtbarste Zeichen für die zunehmende Zersplitterung des Parteiensystems und die wachsende Polarisierung der öffentlichen Debatte. Für das politische System noch folgenreicher ist der Niedergang der Volksparteien, dessen Konsequenzen vom politischen Alltagsgeschäft der Regierungsbildung bis zu der für die Demokratie so wichtigen politischen Integration weiter Teile der Gesellschaft reichen.[29] Und trotz des ständigen Wachstums der Zahl der Parteien wachsen auch die Repräsentationsdefizite, die dazu führen, dass ganz unterschiedliche Gruppen sich als nicht hinreichend repräsentiert wahrnehmen.

Gerüstet mit den drei beschriebenen Grundannahmen, sollen diese Phänomene im Folgenden aus der Perspektive des Stadt-Land-Gegensatzes untersucht werden. Dabei lautet die Ausgangsbeobachtung, dass mit dem Stadt-Land-Konflikt in vielen entwickelten Demokratien ein sehr alter Konflikt zurückkehrt, der in den Nachkriegsjahrzehnten zeitweilig in den Hintergrund getreten war (s. Kapitel 2). Die Muster des Stadt-Land-Konflikts in diesen Ländern schienen für Deutschland lange weniger relevant zu sein. Wie eine genauere Analyse der Bundestagswahl 2021 zeigt, bestimmen sie die Politik aber auch hierzulande in zunehmendem Maße (s. Kapitel 3).

Diese Rückkehr des Stadt-Land-Konflikts hat zwei Gründe. Zum einen ist sie eine Folge struktureller Veränderungen in den politischen Ökonomien kapitalistischer Demokratien, die alle westlichen Länder erfasst haben und die sowohl die ökonomischen als auch die kulturellen Konfliktlinien verändern (s. Kapitel 4). Zum anderen lassen sich strukturelle Gegensätze zwischen Stadt und Land relativ leicht in politische Konflikte übersetzen, weil der eigene Wohnort oft eine wichtige Quelle von Identität ist. Deshalb bieten Stadt-Land-Gegensätze besonders viele Ansatzpunkte für die politische Mobilisierung (s. Kapitel 5).

Was den deutschen Fall besonders macht, ist die sich parallel zu diesen strukturellen Prozessen vollziehende Metropolisierung der deutschen Politik, die mit dem Wiederaufstieg Berlins verbunden ist (s. Kapitel 6). Die strukturellen Veränderungen, die weltweit beobachtbar sind, werden in Deutschland also von einer historisch kontingenten Folge der Wiedervereinigung verstärkt. Während die Vertiefung der Spaltung zwischen Stadt und Land in anderen Ländern mit einem politischen Gewichtszuwachs ländlicher Räume verbunden ist – man denke nur an die erhebliche Überrepräsentation ländlicher Räume im amerikanischen politischen System –, hat das politische Gewicht ländlicher Räume in Deutschland erheblich abgenommen. Die Politik, die in Berlin gemacht wird, ist ganz wesentlich urbane Politik (s. Kapitel 7).

Viele der in diesem Buch beschriebenen Entwicklungen sind Tendenzen, keine abgeschlossenen Prozesse. Es handelt sich um eine Neusortierung der wirtschaftlichen Strukturen und gesellschaftlichen Konflikte entlang des Stadt-Land-Kontinuums, die noch in vollem Gang und deshalb prinzipiell offen ist. Wie der Blick in andere Länder zeigt, spricht aber viel dafür, dass sich diese Tendenzen noch verstärken. Daher ist es umso wichtiger, sich bereits jetzt mit ihnen auseinanderzusetzen.

2
Von Trump bis Macron: Ein Konflikt kehrt zurück

Mit dem Konflikt zwischen Stadt und Land kehrt ein Konflikt auf die politische Bühne zurück, der zu den ältesten politischen Konfliktlinien überhaupt zählt, älter insbesondere als der Konflikt zwischen Arbeit und Kapital. Der Unterschied zwischen den ökonomischen Interessen und den kulturellen Werten von Stadt und Land lässt sich bis zur Entstehung von Städten in den frühen Hochkulturen zurückverfolgen[1] – schon die Erzählung vom Turmbau zu Babel im Buch Genesis zeugt davon. Politisch spielte dieser Gegensatz dann bei der Herausbildung moderner Parteiensysteme im 19. Jahrhundert eine Schlüsselrolle, ehe er in den Jahrzehnten nach dem Zweiten Weltkrieg stark an Bedeutung verlor.

In diesem Gegensatz hatten sich schon immer ökonomische und kulturelle Aspekte verbunden. Städte waren seit jeher die Zentren neuer Wirtschaftssektoren und neuer kultureller Werte und Praktiken. Das führte aber keineswegs zu allen Zeiten zu einem scharfen politischen Konflikt. Vielmehr war dieser Gegensatz vor allem dann virulent, wenn sich die städtische Wirtschaftsstruktur besonders rasant veränderte. Dagegen verlor der Gegensatz an Schärfe, wenn städtische Innovationen ins Land diffundierten und das Veränderungstempo in den Städten nachließ.

Konjunkturen des Stadt-Land-Konflikts

Wie grundlegende ökonomische Transformationen eine Verschärfung von Stadt-Land-Gegensätzen verursachen können, zeigte sich vor allem im Zuge der industriellen Revolution und der von ihr ausgelösten Verstädterung. Lebten zu Beginn des 19. Jahrhunderts gerade einmal 10% der europäischen Bevölkerung in Städten, stieg dieser Anteil bis zum Jahrhundertende auf 30% und erreichte in den Niederlanden fast 50% und in England sogar über 60%.[2] Damit verschoben sich aber nicht nur die demografischen Gewichte zwischen Stadt und Land, auch ökonomisch und kulturell vertiefte sich der Stadt-Land-Graben. Während das städtische Bürgertum nun fortschrittsfroh in die «Moderne» aufbrach, erlebte die Landbevölkerung diesen Wandel als Statusverlust.[3]

Entsprechend wurde der Stadt-Land-Konflikt zu einer der prägenden Spaltungslinien bei der Herausbildung der europäischen Parteiensysteme.[4] Allerdings war dieser Konflikt weniger ein Konflikt zwischen «oben» und «unten» – die einfache Landbevölkerung hatte vor der Ausweitung des Wahlrechts ja genauso wenig politische Mitsprache wie die entstehende Arbeiterklasse in den Städten –, sondern einer zwischen unterschiedlichen ökonomischen Sektoren. Dabei standen die wirtschaftlichen Interessen der aufstrebenden städtischen Industrie denen der grundbesitzenden Elite auf dem Land gegenüber.[5] Vereinfacht gesagt waren die Landbesitzer an möglichst hohen Getreidepreisen interessiert, während die Industriellen möglichst billiges Brot für ihre Fabrikarbeiter wollten.

Folglich entzündete sich der Konflikt vor allem an wirtschaftspolitischen Fragen, etwa in der Steuerpolitik[6], vor allem aber in der Handelspolitik.[7] Das wichtigste Beispiel dafür ist die englische Debatte über die Getreidezölle, die sogenannten «Corn Laws», in der ersten Hälfte des 19. Jahrhunderts. In dieser Auseinandersetzung traten die Fabrikbesitzer und die städtischen Mittelschichten für Freihandel und günstige Nahrungsmittelimporte aus Amerika ein, während die Großgrundbesitzer die Schutzzölle verteidigten.[8] David Ricardo, zeitweilig selbst Abgeordneter im britischen Unterhaus, entwickelte seine berühmte Außenhandelstheorie in diesem Kontext, um die Vorzüge des Freihandels zu beweisen.

War die Auseinandersetzung zwischen Stadt und Land zunächst also ein Eliten-Konflikt, wurde sie im späten 19. Jahrhundert dann zur Grundlage des ursprünglichen «Populismus». Die ersten «Populists» waren Farmer im amerikanischen Westen und den Südstaaten, die unter verschiedenen strukturellen ökonomischen Entwicklungen des «Gilded Age» litten. Dazu zählten insbesondere die deflationären Tendenzen des Goldstandards, durch den die Hypotheken auf ihre Farmen zu einer immer größeren Last wurden, und die große Produktivität der amerikanischen Landwirtschaft, die gleichzeitig zu einem ständigen Preisdruck führte.[9]

Die Populisten entdeckten ihre Gegner in den Finanz- und Industriezentren des Nordostens, vor allem an der Wall Street. Ihre für den Populismus konstitutive Unterscheidung zwischen «Volk» und «Elite» war also «moralisch, geografisch und berufsbezogen» – sie unterschieden zwischen den hart arbeitenden Farmern auf dem Land und der korrupten Polit- und Finanzaristokratie in den Städten.[10] Politisch setzten sie sich vor allem für ökonomische Reformen wie die Abkehr vom Goldstandard, eine Verlagerung der Steuerlast durch die Einführung einer progressiven Einkommensteuer und die Regulierung von Monopolen ein. Daneben verlangten sie politische Reformen, um die Macht der Parteieliten zu beschneiden.

Nachdem die Populisten zunächst eine eigene Partei, die «People's party», gegründet hatten, unterstützten sie in der Präsidentschaftswahl des Jahres 1896 den Demokraten William Jennings Bryan, der wortgewaltig gegen den Goldstandard agitierte: «you shall not crucify mankind upon a cross of gold». In der Präsidentschaftswahl unterlag Bryan allerdings deutlich dem Republikaner William McKinley. Danach verschwanden die Populisten als eigenständige politische Kraft. Viele ihrer Forderungen, etwa nach einer Einkommensteuer oder der Direktwahl von Senatoren, wurden jedoch in der folgenden «Progressive Era» umgesetzt.

In Europa verlief der Konflikt in etwas anderen Bahnen, weil Land im Vergleich zu den USA knapp und Agrarprodukte entsprechend teuer waren. Nicht nur in Großbritannien waren die Landbesitzer deshalb an Schutzzöllen interessiert. In Deutschland fanden sie dabei Verbündete unter den Schwerindustriellen, die sich vor der britischen Konkurrenz schützen wollten. So kam es im Deutschen Reich 1879 zur protektionistischen Allianz von «Roggen und Eisen», die vor allem auf Kosten der städtischen Arbeiterschaft ging. In der Folgezeit wurden die Sozialdemokraten dann zunehmend zur stärksten Partei in den Städten.

In einigen Ländern, insbesondere in Nordeuropa, fand der ökonomische Konflikt zwischen den Sektoren seinen Ausdruck in der Entstehung von Bauernparteien.[11] Mit dem Bedeutungsverlust der Landwirtschaft verlor dieser Konflikt im Laufe des 20. Jahrhunderts jedoch stark an Relevanz, und die Bauernparteien verschwanden oder suchten sich eine neue Klientel. Das wohl prominenteste Beispiel für eine solche Transformation ist die SVP, die sich von einer Bauernpartei in eine der erfolgreichsten rechtspopulistischen Parteien Europas verwandelte.

Insgesamt trat der Konflikt zwischen Stadt und Land in den

europäischen Parteiensystemen jedoch spätestens nach dem Zweiten Weltkrieg in den Hintergrund. Zwar gab es auch weiterhin erhebliche Unterschiede im Wahlverhalten – die Städte wählten mehrheitlich links, das Land christdemokratisch oder konservativ –, aber die Parteien selbst definierten sich kaum mehr über diesen Gegensatz. Das wiederum hing wesentlich damit zusammen, dass die Unterschiede zwischen Stadt und Land sich in der industriellen Ökonomie der Nachkriegsjahrzehnte deutlich abschwächten. In der «sozialen Moderne» gingen die Einkommens- und Vermögensunterschiede zurück, und es bildete sich erstmals eine breite vermögensbesitzende Mittelschicht heraus.[12] Diese Entwicklung schien die Hypothese der Kuznets-Kurve zu bestätigen, wonach große soziale Ungleichheit vor allem ein Phänomen des Übergangs von der Agrar- zur Industrieökonomie sei.[13]

Die Durchsetzung des wohlfahrtsstaatlich regulierten Industrie-Kapitalismus ging aber nicht nur mit einer Abmilderung der Ungleichheit zwischen den Klassen, sondern auch zwischen den Regionen innerhalb eines Landes einher. Der Wirtschaftshistoriker Jeffrey Williamson stellte daher 1965 die Hypothese auf, auch die Ungleichheit zwischen Regionen folge im Zeitablauf einem umgekehrten U.[14] Tatsächlich zeigen wirtschaftshistorische Studien, dass sich die regionale Ungleichheit in Europa bis etwa 1980 verringerte.[15] Was Oliver Nachtwey in Anlehnung an Ulrich Beck als Fahrstuhleffekt beschreibt, lässt sich also nicht nur auf die Unterschiede zwischen den Klassen anwenden, sondern auch auf die Unterschiede zwischen Stadt und Land: Diese spielten «insofern keine große Rolle mehr, als es allen besser ging».[16]

Die Nachkriegsjahrzehnte waren zudem nicht nur mit einem Rückgang der ökonomischen Unterschiede zwischen Stadt und Land verbunden. Durch Individualmotorisierung, Suburbanisierung und die Durchsetzung der modernen Massenmedien glichen sich auch Kultur und Lebensstile auf dem Land an das städtische Vorbild an.[17] Auto und Fernsehen ermöglichten der Landbevölkerung nun, ziemlich direkt am großstädtischen Leben teilzunehmen, Konsummuster und Wohnverhältnisse[18] passten sich an. Zugleich war das städtische Leben in der industriellen Moderne von einer «Logik des Allgemeinen» charakterisiert, wurde standardisiert und nivelliert, was die Avantgarde-Rolle der Städte reduzierte. Die städtische und die ländliche «Normalbiographie» unterschieden sich dadurch immer weniger.[19]

Mit abnehmenden ökonomischen und kulturellen Gegensätzen ging auch die politische Spaltung zwischen Stadt und Land zurück. Ohnehin verloren die klassischen «Cleavages», an denen sich die europäischen Parteiensysteme aufgespalten hatten, in dieser Zeit an Gewicht.[20] Das gilt nicht nur für den Stadt-Land-Konflikt, sondern auch für den Konflikt zwischen Staat und Kirche. Stattdessen wurde der alles überwölbende Links-Rechts-Gegensatz zur dominierenden Konfliktlinie des Parteiensystems, der allerdings ebenfalls an Schärfe verlor. Wahlen wurden nun endgültig «in der Mitte» gewonnen, und zur Mitte gehörte potentiell fast jeder.

Die wirtschaftlichen und sozialen Trends, die zu einer Einebnung der Stadt-Land-Unterschiede geführt hatten, begannen sich aber seit etwa 1980 umzukehren. Das Zeitalter des «Detroiter» Kapitalismus mit seiner breiten, ökonomisch und kulturell relativ homogenen Mittelschicht kam an sein Ende und wurde zunehmend vom «Silicon Valley»-Kapitalismus abgelöst, in dem «Superstar-Firmen» aus «Superstar-Städten» den Ton angeben.[21] Zugleich unterscheidet sich das Leben in großen Städten auch kulturell wieder stärker von dem im Rest des Landes.[22]

Die damit einhergehenden Veränderungen schlugen sich bald auch wieder stärker im politischen Verhalten nieder. Beispielsweise vertiefte sich der Stadt-Land-Graben bei schweizerischen Volksabstimmungen schon seit 1980 kontinuierlich.[23] Auch die zunehmenden Erfolge rechtspopulistischer Parteien und der Aufstieg grüner Parteien zeigten bereits seit den 1980er-Jahren in vielen Ländern eine Wiederkehr von Stadt-Land-Konflikten an.

Konflikte an der Wahlurne

Zu sehr viel größerer Aufmerksamkeit verhalf dem wachsenden Stadt-Land-Graben dann eine dichte Folge politischer Ereignisse in den Jahren 2016 und 2017: die Brexit-Entscheidung im Juni 2016, die beiden österreichischen Präsidentschaftswahlen im selben Jahr und die französische Präsidentschaftswahl im Frühjahr 2017.

Über allem steht aber natürlich der Wahlsieg Donald Trumps bei der amerikanischen Präsidentschaftswahl im November 2016. Dieses für undenkbar gehaltene Ereignis warf ein grelles Licht auf einen Trend, der sich schon seit dem Überlaufen der Südstaaten aus dem demokratischen in das republikanische Lager beobachten lässt und der sich in ganz ähnlicher Form bereits bei allen Präsidentschaftswahlen seit dem Jahr 2000 gezeigt hatte.

Wer eine Karte mit amerikanischen Wahlergebnissen auf Ebene der Counties, also gewissermaßen der Landkreise, betrachtet, sieht spätestens seit der Präsidentschaftswahl zwischen George W. Bush und Al Gore zwei schmale, im Blau der Demokraten gefärbte Streifen an den Küsten, zwischen denen sich ein Meer aus republikanischem Rot erstreckt, aus dem nur einzelne blaue Inseln hervorstechen – Metropolen wie Chicago oder Atlanta, Universitätsstädtchen wie Ann Arbor in Michigan oder

Chapel Hill in North Carolina sowie die Gebiete mit schwarzer oder hispanischer Bevölkerungsmehrheit im sogenannten «Black Belt» in den Südstaaten bzw. entlang der mexikanischen Grenze.

Diese Tendenz zu einer Spaltung zwischen demokratischen Metropolen und republikanischem Land hat sich bei der Wahl 2020 sogar noch verstärkt.[24] Repräsentierten die 85% der Counties, die Donald Trump 2016 gewann, immerhin noch 36% der amerikanischen Wirtschaftsleistung, waren die 83% der Counties, in denen er 2020 die Mehrheit holte, gerade noch für 29% der Wirtschaftsleistung verantwortlich.[25]

Diese Unterschiede im Wahlverhalten werden durch das amerikanische Wahlrecht noch verstärkt.[26] So führt das Mehrheitswahlsystem dazu, dass sich in den sicheren urbanen bzw. ländlichen Wahlkreisen hauptsächlich ideologische Puristen durchsetzen, weil es dort vor allem darum geht, die eigene Basis hinter sich zu bringen. Für die linke Ikone Alexandria Ocasio-Cortez war es beispielsweise sehr viel schwieriger, in den Vorwahlen die demokratische Kandidatur in ihrem New Yorker Wahlkreis zu erringen, als in der nominellen Hauptwahl ihren republikanischen Gegenkandidaten zu schlagen. Umgekehrt schicken die ländlichen Wahlkreise im Landesinnern fast ausnahmslos republikanische Hardliner und Trumpisten nach Washington.

Das amerikanische politische System ist also mittlerweile scharf entlang eines Stadt-Land-Gegensatzes polarisiert – mit den Suburbs als wahlentscheidendem Gebiet dazwischen. Die Rückkehr des Stadt-Land-Konflikts beschränkt sich aber keineswegs auf die USA. Wenige Monate vor Trumps Wahlsieg war es schon in Europa zu einem politischen Schock gekommen, der analog als «Revolte der Orte, die nicht zählen» gedeutet werden konnte.[27] Beim Brexit-Votum im Juni 2016 stimmten in Greater

London 59,9% der Wähler für den Verbleib Großbritanniens in der EU (in den Innenstadtbezirken war das Ergebnis noch wesentlich deutlicher), im Rest Englands aber nur 44,6%.[28]

Im April 2017 schließlich besiegte Emmanuel Macron in der Stichwahl um die französische Präsidentschaft Marine Le Pen. Dabei fuhr Macron mit 66% zu 34% einen mehr als deutlichen Sieg ein und lag fast im gesamten Land, mit Ausnahme der nordfranzösischen Departments Aisne und Pas-de-Calais, vor Le Pen. Auch hier sticht aber sein Sieg in Paris heraus, wo er 89,7% der Stimmen erzielte. Zwei Jahre später brach der französische Stadt-Land-Konflikt in Form der Gelbwesten-Proteste erneut auf.[29]

Nun sind die USA, Großbritannien und Frankreich allesamt Länder mit traditionell großem Gefälle zwischen Zentrum und Peripherie, das in Großbritannien und vor allem in Frankreich zudem von einer zentralistischen Staatsorganisation verstärkt wird. Auch Polen, wo sich in der Präsidentschaftswahl des Jahres 2020 der Favorit des ländlichen Polen, Amtsinhaber Andrzej Duda, knapp gegen den Warschauer Oberbürgermeister Rafał Trzaskowski durchsetzte, ist ein Beispiel für strukturell besonders große Gegensätze zwischen Stadt und Land.

Ähnliche Muster zeigen sich aber auch in Ländern, die als Bastionen des Föderalismus und des regionalen Ausgleichs gelten. Ein besonders deutliches Beispiel dafür ist die österreichische Präsidentschaftswahl des Jahres 2016, bei der Norbert Hofer von der rechtspopulistischen FPÖ und der von den Grünen unterstützte Alexander van der Bellen in die Stichwahl einzogen. Bei der Abstimmung im Mai 2016 konnte sich van der Bellen äußerst knapp mit 50,4% zu 49,6% der Stimmen durchsetzen. Dabei erzielte er in Wien 63,3% der Stimmen, im Rest des Landes nur 47,6%. Als die Wahl wegen Unregelmäßigkeiten bei der Auszählung der Briefwahlstimmen im Dezember 2016 wiederholt werden musste, steigerte van der Bellen seinen Stimmanteil in Wien sogar auf 65,7% und konnte nun auch im Rest des Landes eine Mehrheit von 51,2% erzielen.

Der Wahlerfolg van der Bellens war, ähnlich wie der Emmanuel Macrons, bemerkenswert, weil sich hier nicht mehr die Kandidaten der traditionellen Parteien der linken und rechten Mitte gegenüberstanden, sondern die Vertreter der Pol-Parteien einer neuen politischen Konfliktachse. Offenbar wurde bei diesen Wahlen nicht nur das Parteiensystem auf dem Land, sondern auch das in den Städten gesprengt. Trotzdem wählten die meisten Kommentare und Analysen zu beiden Wahlen die von Trump, Brexit & Co. bekannte Perspektive: Das abgehängte Land hat sich aus der politischen Mitte verabschiedet und revoltiert.[30]

Diese Deutung schließt an die gängige Lesart von Stadt-Land-Konflikten an, in deren Mittelpunkt fast immer der Frust der Verlierer von Globalisierungs-, Modernisierungs- und damit eben auch Urbanisierungsprozessen steht: Eine mittlerweile kaum mehr überschaubare Zahl von Studien fragt, warum die Arbeiter des Rust Belt Trump, die Bewohner der früheren «Feeder-Towns» englischer Industriestädte den Brexit oder die in ostdeutschen Dörfern zurückgebliebenen Männer die AfD wählen. Untersucht werden Faktoren wie Deindustrialisierung, Globalisierung oder der Niedergang lokaler Gemeinschaften, wie er sich in Großbritannien etwa an Schließungen von Pubs zeigt.[31] Die Rolle der Städte besteht in diesen Analysen meist darin, das Land «vernachlässigt» und sich nicht mehr darum «gekümmert» zu haben. Damit, so die übliche Deutung, hätten sie zu einem Backlash beigetragen oder diesen jedenfalls nicht verhindert.

Dagegen findet man nur selten die Deutung, dass ja auch die Städte in diesen Wahlen gegen «die Etablierten» revoltierten – nur eben erfolgreicher. Insofern verdeckt der Fokus auf den zweiten Wahlgang bei beiden Wahlen den Einschnitt, den der erste Wahlgang bedeutete. Im zweiten Wahlgang sammelten sowohl Macron als auch van der Bellen tatsächlich viele Stimmen ein, die explizit gegen Le Pen bzw. Hofer abgegeben wurden. Der eigentliche Schlüssel für den Wahlerfolg der beiden lag aber darin, dass sie überhaupt in die Stichwahl einzogen, indem sie sich im ersten Wahlgang den Kollaps der traditionellen Sozialdemokratie zunutze machten. So lag van der Bellen bereits im ersten Wahlgang nicht nur in Wien, sondern auch in Graz, Linz und Innsbruck vorn, also in vier der fünf größten Städte Österreichs. Auch Macron hatte im ersten Wahlgang in Paris mit Abstand am besten abgeschnitten und 35% der Stimmen geholt, im Vergleich zu 24% im Landesschnitt, während er in Orten mit weniger als 5000 Einwohnern sogar hinter Le Pen gelegen hatte.[32]

Konflikte in der Gesellschaft

Die Vertiefung des politischen Stadt-Land-Grabens, die sich praktisch in der gesamten nordatlantischen Welt beobachten lässt, hat also damit zu tun, dass sich das politische Verhalten auf beiden Seiten dieses Grabens, auf dem Land und in den Städten, verändert. Das zeigt sich nicht nur in Wahlergebnissen, sondern auch bei konkreten politischen Fragen. Besonders gut lässt sich die Tiefe dieses Grabens in der Schweiz vermessen, weil er dort nicht nur alle vier Jahre bei Wahlen, sondern sehr viel regelmäßiger bei Volksabstimmungen sichtbar wird. So stimmte im November 2020 eine knappe Mehrheit von 50,7% der Schweizer für die sogenannte Konzernverantwortungsinitiative, durch die Unternehmen für Menschenrechtsverletzungen haftbar gemacht werden sollten. Weil die Schweizer Verfassung jedoch nicht nur eine Mehrheit der Stimmen, sondern auch eine Mehrheit der Kantone für die Annahme einer Volksinitiative verlangt, scheiterte die Initiative dennoch am «Nein» der kleinen, ländlichen Kantone. Im Juni 2021 brachte dann eine knappe Mehrheit von 51,6% der Abstimmenden das sogenannte CO_2-Gesetz zur Verminderung von Treibhausgasemissionen zu Fall, wobei sich wiederum eine Mehrheit ländlicher Nein-Stimmen gegen das klare städtische Ja durchsetzen konnte.

Volksabstimmungen sind besonders starke Belege für die Relevanz der Stadt-Land-Spaltung, weil sie unmittelbare politische Konsequenzen haben. Solche Einstellungsunterschiede lassen sich aber natürlich auch mit Umfragedaten untersuchen. Dabei zeigt sich in vielen Ländern ein sehr ähnliches Muster: Die Stadt-Land-Unterschiede in den politischen Einstellungen sind in den letzten Jahrzehnten wieder deutlich gewachsen. So zeigen europaweit vergleichende Studien, dass Städter deutlich zufriedener mit der Demokratie sind und dem politischen System ein höheres Vertrauen entgegenbringen, während Menschen in ökonomisch abgehängten Regionen Institutionen wie der EU misstrauen.[33]

Diese Studien zeichnen das Bild einer Landbevölkerung, die mit dem politischen System zunehmend unzufrieden ist. Dazu passt, dass Menschen auf dem Land auch einen deutlich schärferen Konflikt zwischen den Regionen wahrnehmen als Menschen in Städten. So ist eine Mehrheit der ländlichen Amerikaner der Meinung, Städte erhielten «mehr als ihren fairen Anteil» öffentlicher Ressourcen. Umgekehrt finden nur 10% der urbanen Amerikaner, das Land werde bei der Ressourcenverteilung bevorzugt.[34] Diese Umfrageergebnisse bestätigen den Befund der einflussreichen ethnografischen Studie Katherine Cramers, die am Beispiel Wisconsins «rural resentment» – ländliche Verbitterung – beschreibt, die sich aus dem Frust über ökonomische Abstiegs- und kulturelle Zurücksetzungserfahrungen speist.[35]

Der Befund, dass diese Konfliktwahrnehmung auf dem Land deutlich ausgeprägter ist als in den Städten, wird üblicherweise so gedeutet, dass die Politisierung des Stadt-Land-Konflikts vor allem vom Land ausgeht. Wenn das Ziel ist, zu erklären, warum auf dem Land Trump, Le Pen oder die AfD gewählt werden, passt das ja auch sehr gut ins Bild, geben diese sich doch schließlich alle Mühe, die ländliche Verbitterung politisch auszubeuten.

Allerdings stellt sich die Frage, inwiefern die Suche nach Verbitterung in der Stadt überhaupt die richtige Herangehensweise ist. Wenn Städter die Gewinner derselben Prozesse sind, die auf dem Land Frust auslösen, dann haben sie schließlich wenig Grund, Wut auf die Verlierer dieser Prozesse zu entwickeln. Allenfalls sollten die innerstädtischen Verlierer von Verdrängungsprozessen frustriert sein, aber deren Frust sollte sich gegen andere Städter richten, nicht gegen die Dörfer.

Die Identität von Städtern wird durch Urbanisierungsprozesse also nicht bedroht, sondern aufgewertet. Deshalb können sie es sich leisten, diese Identität als politisch nicht sonderlich relevant wahrzunehmen. Städter haben insofern die Wahl, ob sie sich mit dem auseinandersetzen wollen, was auf dem Land passiert – ein Privileg, das Landbewohner umgekehrt nicht haben. Möglicherweise können sie ihre eigenen Interessen sogar mit dem Gemeinwohl gleichsetzen: Hilft in einer urbanen Gesellschaft das, was den Städten hilft, nicht letztlich allen?

Dieses Privileg wurde allerdings durch die gerade beschriebenen Wahlergebnisse erschüttert. Auf einmal erschien das Land als Bedrohung, nicht weil es Ressourcen schluckt, sondern weil es die Axt an das System zu legen droht, von dem die Städter profitieren. Mit dem Erschrecken darüber erklärt sich wohl das schlagartig erwachte Interesse an Analysen des Zusammenhangs von Stadt-Land-Konflikten und rechtspopulistischen Wahlerfolgen. Während der Frust der Landbewohner ökonomische oder kulturelle Ursachen hat, wäre der Frust der Städter demnach politisch motiviert. Diese Art des Frusts können Fragen danach, ob einem das Land Ressourcen wegnimmt, aber kaum erfassen.

Ähnlich wie bei den Analysen von Wahlergebnissen liegt der Schwerpunkt von Studien zu konkreten Einstellungen also in aller Regel auf den «Modernisierungsverlierern» in ländlichen Regionen, deren Unzufriedenheit mit der Regierung, der Hauptstadt oder dem politischen System als Ganzes vermessen wird. Eine bemerkenswerte Ausnahme von dieser üblichen Perspektive stellt die Studie eines Teams um Twan Huijsmans dar, die Einstellungen zu Einwanderung, Multikulturalismus und europäischer Integration in den Niederlanden, dem am dichtesten besiedelten Flächenstaat Europas, untersucht.[36] Diese Studie ist nicht nur deshalb wertvoll, weil sie die geografische Entwicklung individueller Einstellungen über vier Jahrzehnte verfolgt und zeigt, dass Stadt-Land-Unterschiede seit den 1980er-Jahren deutlich zugenommen haben. Vor allem konzentriert sie sich nicht auf die «Abgehängten», sondern auf die Vorauseilenden. Hier erscheinen auf einmal nicht die Landbewohner, sondern die Städter als diejenigen, die sich in erklärungsbedürftiger Weise vom nationalen Konsens entfernen.[37] Die Einwohner von Amsterdam, Rotterdam oder Utrecht unterscheiden sich inzwischen immer stärker von Menschen in kleineren Städten oder auf dem Land, während die Unterschiede zwischen diesen anderen Gruppen kaum zugenommen haben. Die Einwohner der Metropolen, so das Fazit der Autoren, «werden den übrigen Mitgliedern der Gesellschaft immer unähnlicher».[38]

Komposition oder Kontext?

Eine rasant wachsende Zahl sozialwissenschaftlicher Studien dokumentiert also zunehmende Unterschiede in den politischen Einstellungen von Stadt- und Landbewohnern. Allerdings ist nach wie vor umstritten, wie diese Unterschiede entstehen, wobei zwischen Kompositions- und Kontexteffekten unterschieden wird. Ziehen Großstädte schlicht Menschen an, die bereits kosmopolitische Werte mitbringen, oder ruft die Stadt selbst solche Werte bei ihren Einwohnern hervor? Im ersten Fall spricht man von «sorting»: Kosmopolitisch orientierte Menschen ziehen vom Land in die Stadt, kommunitaristisch gesinnte Menschen von der Stadt aufs Land. Der Anteil beider Gruppen an der Gesamtbevölkerung bleibt dabei gleich, sie verteilen sich nur anders – ein Kompositionseffekt. Im zweiten Fall lösen Stadt und Land dagegen selbst Veränderungen bei ihren Einwohnern aus. Städtisches Verhalten ist ansteckend und ländliches möglicherweise auch – ein Kontexteffekt.

Wie es so oft der Fall ist, dürften beide Effekte eine Rolle dafür spielen, warum sich Stadt- und Landbewohner so stark unterscheiden. In jedem Fall bringen viele Menschen, die in die Stadt ziehen, bereits eine urbane Grundeinstellung mit – was eigentlich nicht weiter überrascht, denn es dürfte ja nicht zuletzt diese Einstellung sein, die sie in die Stadt zieht. Als eigentliche Quelle unterschiedlicher Einstellungen erscheint dann typischerweise die Bildung.[39]

Auch wenn Kompositionseffekte zweifellos eine wichtige Rolle spielen, konzentriert sich dieses Buch auf den Beitrag von Kontexteffekten. Das hat verschiedene Gründe. Zunächst ist der individuelle Bildungsgrad (ebenso wie Klassenzugehörigkeit oder Einkommen) bereits selbst davon abhängig, wo eine Person geboren oder aufgewachsen ist. Wer in einer Großstadt aufwächst, hat bessere Chancen, einen Universitätsabschluss zu erwerben und mehr zu verdienen. Insofern ist Bildung nicht nur eine Ursache von Stadt-Land-Unterschieden, sondern auch selbst ein Ergebnis.[40]

Ohnehin lassen sich Stadt-Land-Unterschiede kaum allein mit dem Umzugsverhalten erklären. Zum einen ziehen die Menschen dafür schlicht zu selten um. So leben fast 50% der Deutschen weniger als 25 Kilometer von ihrem Geburtsort entfernt.[41] Sogar in Berlin ist fast die Hälfte der Bevölkerung in der Stadt geboren. Zum anderen ziehen Menschen, wenn sie umziehen, häufig in Gegenden, in denen ihre eigene politische Einstellung bereits dominiert[42]: die nach Berlin häufigsten Geburtsorte heutiger Berliner sind Hamburg, Leipzig und Dresden.[43]

Vor allem aber dürften sich Kontexteffekte nicht nur auf die Einstellungen zu konkreten politischen Fragen auswirken.[44] Vielmehr betreffen sie auch die Frage, wie wichtig Politik überhaupt ist. So ist Nichtwahl ansteckend: Wenn die Nachbarn nicht wählen, sinkt auch die individuelle Wahrscheinlichkeit, zur Wahl zu gehen.[45] Noch wichtiger dürften Kontexteffekte aber für die Wahrnehmung sein, um welche Themen sich die Politik kümmern sollte. Darin besteht ja der Kern des soziotropischen Arguments: dass auch Menschen mit sicheren Jobs Arbeitslosigkeit als dringliches Problem empfinden, wenn es in ihrem Umfeld viele Arbeitslose gibt. Entsprechend gewinnen Themen wie Miete oder Verkehr eben sogar für Grünenwähler eine verschärfte Dringlichkeit, wenn sie in Städte ziehen.

Unabhängig davon, wie sie entstehen, müssen politische Gegensätze zudem erst einmal mobilisiert werden. Dabei ist die Frage, wie viel von den Stadt-Land-Unterschieden Kontext und wie viel Komposition ist, aber relativ unbedeutend. Wichtig ist dafür zunächst einmal, ob Städter und Landbewohner tatsächlich systematisch unterschiedliche Interessen und Identitäten haben, ob das politische System diese Unterschiede angemessen abbildet und ob sie für politische Parteien mobilisierbar sind. Wo diese Interessen und Identitäten herkommen, ist für die Frage, ob ein Konflikt existiert und wie stark dieser ist, erst einmal nachrangig. Sie wird vor allem dann relevant, wenn man Instrumente finden will, um die Intensität des Konflikts zu reduzieren.

Festhalten lässt sich deshalb, dass der Stadt-Land-Gegensatz in den letzten Jahren mit Macht auf die politische Bühne zurückgekehrt ist. Er prägt Wahlergebnisse, Einstellungen und gesellschaftliche Debatten. Deutschland schien von diesen Entwicklungen, ähnlich wie vom Aufstieg des Rechtspopulismus und dem Niedergang der Volksparteien, relativ lange unberührt zu bleiben. Mittlerweile gibt es aber auch hierzulande klare Anzeichen, dass sich das ändert.

3
Polarisierung: Die politische Geografie der Bundestagswahl

Wenn an einem deutschen Wahlsonntag um 18 Uhr die Prognose veröffentlicht wird, wachsen auf den Studiobildschirmen der Fernsehsender Balken in die Höhe oder stürzen in die Tiefe. Ob es um das Wahlergebnis, die Gewinne und Verluste der Parteien oder die Präferenzen der Wählerinnen und Wähler in der Kanzler- und der Koalitionsfrage geht – auf fast alle Fragen hat Jörg Schönenborn die Antwort in Form eines Balkendiagramms. Nur die Sitzverteilung wird üblicherweise in der Form einer Bundestagstorte präsentiert.

Der Balken ist die natürliche Darstellungsform des Verhältniswahlrechts, in dem es einzig und allein darauf ankommt, wie viele Stimmen eine Partei erhält. Wo diese Stimmen abgegeben wurden – ob im Norden oder im Süden, in Städten oder auf dem Land –, spielt keine Rolle. Ganz anders dagegen das Mehrheitswahlrecht, in dem es entscheidend auf die Geografie der Stimmverteilung ankommt, weil es nicht darum geht, die Mehrheit der Stimmen, sondern die Mehrheit der Wahlkreise oder Bundesstaaten zu gewinnen.

Im Mittelpunkt einer amerikanischen Wahlnacht stehen deshalb Landkarten, in die John King, CNNs spätestens seit dem Auszählmarathon im November 2020 ikonischer Zampano der Zahlen, in irrwitziger Geschwindigkeit herein- und wieder herauszoomt, immer mit der Frage: Wo sind die Stimmen bereits ausgezählt und wo noch nicht? So lernt auch der landesfremde Zuschauer schnell, dass sich die Präsidentschaftswahl in Maricopa County (Phoenix), Wayne County (Detroit) oder Allegheny County (Pittsburgh) entscheidet.

Trotz des unterschiedlichen Wahlsystems gewinnen geografische Darstellungen von Politik aber auch hierzulande an Popularität. Ein besonders eindrückliches Beispiel dafür ist der enorme Erfolg von Katapult, dem Greifswalder «Magazin für Kartografik und Sozialwissenschaft», das mit seinen Kartendarstellungen sozialer Phänomene mittlerweile eine sechsstellige Auflage erzielt. Doch auch in etablierten Medien werden seit einigen Jahren immer häufiger Landkarten eingesetzt, um etwa das Ost-West-Gefälle in den Ergebnissen der AfD zu illustrieren. Nach Wahlsonntagen trenden digitale Kartenangebote, auf denen man das Wahlergebnis bis auf die Ebene des Wahllokals herunterbrechen kann: So also hat mein Stadtteil, haben meine Nachbarn abgestimmt. Vor der Bundestagswahl 2021 wurden Wahlkreisprognosen, die versuchten, das Erststimmenergebnis auf Wahlkreisebene vorherzusagen, immer beliebter. Und nach der Wahl wurden in den sozialen Medien tausendfach Karten geteilt, auf denen sich der Norden der Republik rot, der Süden hingegen schwarz färbte – mit kleineren grünen Punkten in westdeutschen Universitätsstädten und einer großen blauen Fläche in Sachsen und Thüringen. Der Reiz dieser Kartendarstellungen liegt dabei nicht zuletzt darin, dass sie oft schon eine Erklärung oder Interpretation des abgebildeten Phänomens nahezulegen scheinen. Erkennt man in der Karte der Wahlkreissieger nicht die früheren preußischen Grenzen? Und sieht nicht bereits das bloße Auge die räumliche Korrelation zwischen Corona-Inzidenzen und AfD-Ergebnissen?

Dieses wachsende Interesse an der Geografie der deutschen Politik dürfte kein Zufall sein. Es entspricht der wachsenden Bedeutung geografischer Konflikte im deutschen politischen System. Deutschland schien lange ein Land zu sein, in dem der Gegensatz zwischen urbanen Zentren und ländlicher Peripherie keine besonders große Bedeutung hat. Denn die strukturellen Entwicklungstendenzen, die diesem Konflikt zugrunde liegen, waren hier lange nicht sehr ausgeprägt. Im Vergleich zu den finanzialisierten Ökonomien Großbritanniens und der USA steht im Zentrum des deutschen Wirtschaftsmodells nach wie vor eine starke industrielle Basis. Die «Hidden Champions» der deutschen Exportindustrie sind aber oft gerade nicht in großen Städten zuhause, sondern in Ostwestfalen, Niederbayern oder auf der schwäbischen Alb.

Zudem ist die deutsche Politik stark auf das Ziel ausgerichtet, ein wirtschaftliches Auseinanderdriften unterschiedlicher Regionen zu verhindern. So ermächtigt Artikel 72 des Grundgesetzes den Bund explizit, zum Zweck der «Herstellung gleichwertiger Lebensverhältnisse im Bundesgebiet» gesetzgeberisch tätig zu werden – und weckt damit die Erwartung, dass er das auch tut. Ohnehin sollte der Föderalismus die Entwicklung von Stadt-Land-Unterschieden bremsen, weil er der Neigung, alles auf eine Metropole wie Paris oder London zu konzentrieren, entgegensteht. Schließlich gibt das Verhältniswahlrecht Parteien einen starken Anreiz, sich um alle Regionen des Landes zu kümmern, statt sich nur auf ihre Hochburgen zu konzentrieren: Jede Stimme, egal wo sie abgegeben wird, zählt für eine Partei gleich viel.

Allerdings zeigen die Beispiele der Niederlande, Österreichs und der Schweiz, dass auch andere Länder mit einem ähnlichen Wirtschaftsmodell, vergleichbaren Wahlsystemen und teilweise sogar noch stärkeren föderalen Strukturen erhebliche politische Konflikte zwischen Stadt und Land erleben können. Ohnehin ist das gezeichnete Bild von den prosperierenden «Hidden Champions» im ländlichen Raum vor allem ein westdeutsches Bild. Dagegen haben in den ostdeutschen Bundesländern auch mehr als 30 Jahre nach der Wiedervereinigung noch immer nur äußerst wenige größere Unternehmen ihren Sitz.

Tatsächlich zeigt eine Vielzahl ökonomischer und sozialer Indikatoren, dass Stadt-Land-Unterschiede auch in Deutschland zugenommen haben. Das gilt noch am wenigsten für das verfügbare Einkommen, denn die wichtigste Quelle regionaler Einkommensunterschiede in Deutschland ist noch immer der Unterschied zwischen Ost und West. Da dieser sich seit den 1990er-Jahren verringert hat, sind auf den ersten Blick auch die regionalen Unterschiede insgesamt zurückgegangen. Dieses Bild ändert sich jedoch, wenn man die Entwicklungen innerhalb von West- bzw. Ostdeutschland separat betrachtet. Dann zeigt sich, dass die Einkommensunterschiede zwischen den Regionen in Westdeutschland seit den 1990er-Jahren und im Osten seit den Nuller-Jahren zunehmen.[1]

Diese wachsende Einkommensungleichheit ist allerdings kein Ausdruck eines simplen ökonomischen Stadt-Land-Gefälles, sondern hängt stark mit Unterschieden innerhalb der beiden Gruppen zusammen: zwischen Hamburg und Hagen ebenso wie zwischen dem Emsland und der Eifel. Es gibt in Deutschland also noch immer viele ländliche Regionen mit einem hohen Wohlstandsniveau und niedriger Arbeitslosigkeit. Die dynamischsten Sektoren, die in Zukunft an wirtschaftlichem Gewicht gewinnen dürften, finden sich aber auch in Deutschland weit überwiegend in den großen Städten.

Vor diesem Hintergrund sind regionale Unterschiede in Deutschland bislang nicht in erster Linie eine Frage der verfügbaren Einkommen, sondern betreffen vor allem die Demografie, die öffentliche Daseinsvorsorge und die finanzielle Lage der Kommunen.[2] So ist die Bevölkerung in vielen ländlichen Regionen in den letzten Jahren geschrumpft und zunehmend überaltert, während viele Städte deutlich gewachsen sind.

Diese demografische Schere dürfte sich auch weiter öffnen. So prognostiziert das Bundesinstitut für Bau-, Stadt- und Raumforschung (BBSR), dass die Bevölkerung in kreisfreien Großstädten bis 2040 um etwa 3% zunehmen, während sie in dünn besiedelten ländlichen Kreisen um 7% abnehmen wird. Für die ostdeutschen Landkreise Salzlandkreis, Greiz, Elbe-Elster, Altenburger Land und Mansfeld-Südharz rechnet das BBSR sogar mit einem Bevölkerungsrückgang um mehr als 20%.[3] Bereits heute liegen vier der fünf ältesten Regionen Europas in Ostdeutschland.[4]

Der ländliche Raum ist zudem häufig von moderner Infrastruktur abgekoppelt: Während in großen Städten regelmäßig mehr als 90% der Haushalte Zugriff auf einen Breitbandanschluss mit mehr als 1000 Mbit/s haben, sind es deutschlandweit nur 59% der Haushalte – und in vielen ländlichen Landkreisen weniger als 10%.[5] Ein ähnliches Bild zeigt sich bei medizinischen Versorgungsleistungen: In städtischen Regionen erreichen 90% der Einwohner innerhalb von 15 Minuten ein Krankenhaus, in ländlichen Regionen schaffen dies gerade einmal 67%.[6] Die Infrastrukturvorteile von Städten zeigen sich sogar bei der Corona-Impfung. Laut Thünen-Institut brauchten Städter mit dem Auto im Schnitt 13 Minuten zum nächsten Impfzentrum, Menschen auf dem Land dagegen 50% länger – von der Anreise mit dem ÖPNV ist da noch gar nicht die Rede.

Die Liste solcher Indikatoren ließe sich verlängern. Ihre wesentliche Botschaft sollte aber klargeworden sein: Auch wenn in Deutschland keine ähnlich simple Unterscheidung zwischen boomenden und abgehängten Regionen möglich ist wie in einigen anderen Ländern, nimmt die regionale Ungleichheit doch zu. Das Versprechen gleichwertiger Lebensverhältnisse gerät zunehmend in Gefahr.

Stadt-Land-Konflikte im Parteiensystem

Aus dem Befund wachsender geografischer Unterschiede wird häufig direkt auf politische Konsequenzen geschlossen. Insbesondere wird das Stadt-Land-Gefälle häufig ursächlich als «Nährboden für den Rechtspopulismus» ausgemacht.[7] Schaut man genauer auf die Entwicklung des deutschen Parteiensystems, zeigt sich aber, dass damit nur ein Teil der politischen Konsequenzen regionaler Unterschiede erfasst wird. Die wachsende geografische Polarisierung des Parteiensystems geht gleichermaßen von Stadt und Land aus.

Die Zunahme dieser Polarisierung bei den letzten Bundestagswahlen wird sichtbar, wenn man analysiert, in welchen Wahlkreisen die Wähler der einzelnen Parteien im Durchschnitt leben (Abbildung 3.1). Dazu sortiere ich die 299 deutschen Wahlkreise nach ihrer Bevölkerungsdichte: vom am dünnsten besiedelten Wahlkreis (Prignitz – Ostprignitz-Ruppin – Havelland I) bis zum am dichtesten besiedelten (Berlin-Friedrichshain – Kreuzberg – Prenzlauer Berg Ost). Der mittlere Wahlkreis, in dem der geografische Durchschnittsdeutsche lebt,[8] ist dann der Wahlkreis mit der Rangziffer 150 – die Hälfte der Wahlkreise ist urbaner, die andere Hälfte ländlicher. Das geografische Profil der einzelnen Parteien lässt sich dann darüber messen, in welchem Wahlkreis der durchschnittliche Wähler der jeweiligen Partei lebt.

War das geografische Profil der fünf damals im Bundestag vertretenen Parteien 2009 noch recht ähnlich, hat es sich vor allem seit 2017 deutlich polarisiert, was vor allem von den Grünen und der AfD ausgeht. Die Grünen hatten schon immer die urbanste Wählerschaft aller Parteien; dieses Muster hat sich 2021 aber noch einmal verstärkt. Dagegen war die AfD-Wählerschaft 2013 noch urbaner als die der Union, wird seitdem aber immer länd-

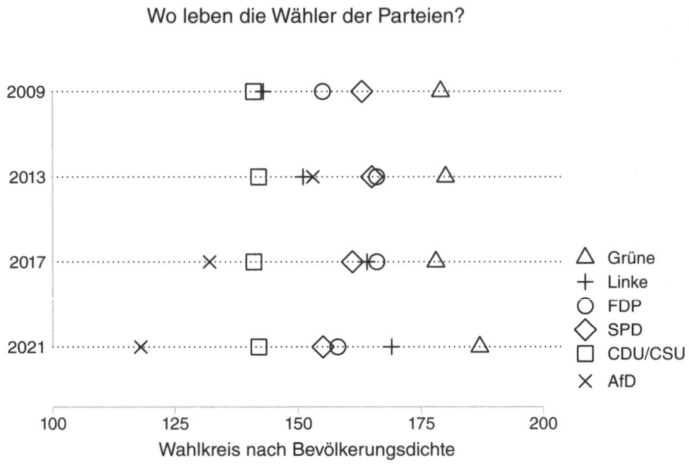

Abbildung 3.1: Wahlkreis des geografischen Medianwählers der Parteien

licher. Grüne und AfD bildeten damit bereits 2017 die klaren Pole des politischen Stadt-Land-Gegensatzes. Bei beiden Parteien ist diese Position 2021 noch einmal ausgeprägter geworden: So kamen 45 % der Zweitstimmen der Grünen aus den 100 urbansten Wahlkreisen, während nur 21 % ihrer Stimmen aus den 100 ländlichsten Wahlkreisen kamen. Die AfD hingegen erzielte nur 25 % ihrer Stimmen in den 100 urbansten Wahlkreisen, aber 44 % in den 100 ländlichsten Wahlkreisen.

Während sich die geografische Zusammensetzung der Unionswählerschaft seit 2009 kaum verändert hat und sich bei der FDP kein klarer Trend zeigt, ist die Wählerschaft der Linkspartei mit jeder Wahl urbaner geworden. Das liegt daran, dass ein großer Teil der Linken-Wähler in ländlichen Gebieten Ostdeutschlands seit 2009 gestorben oder zur AfD abgewandert ist, während die Partei in westdeutschen Großstädten zwischen 2009 und 2017 zulegen konnte. Eine Folge des zunehmend urbaneren Profils von Grünen und Linken besteht schließlich darin, dass die SPD, die urbane Partei der alten Bundesrepublik, mittlerweile einen wachsenden Teil ihrer Stimmen in ländlichen Regionen erzielt.[9]

Im Folgenden werde ich die Ergebnisse von AfD und Grünen, den beiden Pol-Parteien der Stadt-Land-Achse, genauer betrachten. Außerdem werfe ich auch einen Blick auf die Union, die zwar 2021 in den Städten und auf dem Land gleichermaßen verloren hat, deren Verluste ihre Zukunft als Volkspartei aber vor allem in den Städten bedrohen.

Wie in der Einleitung schon angedeutet, hat eine Analyse auf Ebene der Wahlkreise allerdings ihre Schwächen. Nur die wenigsten Wahlkreise sind vollumfänglich großstädtisch. Schon zu den Frankfurter Wahlkreisen gehören kaum noch als urban zu bezeichnende Außenbezirke der Stadt. Und umgekehrt gehört selbst zu sehr dünn besiedelten Wahlkreisen oft zumindest eine größere Stadt. Analysiert man die Ergebnisse statt auf Wahlkreis- auf Gemeindeebene, löst man zwar das zweite Problem, verschärft das erste aber sogar noch: aus zwei Frankfurter Wahlkreisen wird dann die Stadt Frankfurt, aus den soziostrukturell äußerst heterogenen zwölf Berliner Wahlkreisen die Stadt Berlin.

Da kleinräumigere Wahlergebnisse, etwa auf Stadtteilebene, in Deutschland nicht zentral gesammelt werden, bleibt für den nationalen Vergleich trotzdem nichts anderes übrig, als die Ergebnisse auf aggregierter Ebene zu analysieren. Immerhin ist es dabei jedoch möglich, die Urbanität der einzelnen Wahlkreise sehr viel genauer zu vermessen als mit dem bisher verwendeten Maß der Bevölkerungsdichte.

Zu diesem Zweck verwende ich die Anzahl der Versicherten in der Künstlersozialkasse. Diese Zahlen sind auf Ebene des Postleitzahlbezirks verfügbar und können auf Wahlkreisebene aggregiert werden.[10] Insgesamt sind in der Künstlersozialkasse fast 200000 freischaffende Musiker, Schauspieler, bildende Künstler, Journalisten und Schriftsteller versichert, die sich aber sehr ungleich auf das Bundesgebiet verteilen. Dabei geht es mir in den folgenden Analysen nicht um die Künstler selbst und deren Wahlverhalten – selbst in den Postleitzahlbezirken mit der höchsten Künstlerdichte machen KSK-Versicherte nur wenige Prozent der Gesamtbevölkerung aus. Stattdessen geht es um das Milieu, in dem die Künstlerinnen und Künstler leben. Ihre Zahl dient mir als Approximation dafür, wer in einem Stadtteil lebt und welche Wohnformen und Konsummuster dort dominant sind. Der prototypische Stadtteil mit vielen Künstlern ist ein Innenstadtviertel mit hoher Verdichtung, großem Altbaubestand, gut ausgebautem ÖPNV und relativ wenig PKW-Besitz, Kulturinstitutionen wie Programmkinos und freien Theatern, vielen Bars und Cafés, inhabergeführtem Einzelhandel und einer von der akademischen Mittelschicht dominierten Sozialstruktur – kurz: das, was man sich gemeinhin unter dem Wort «urban» vorstellt. Wer Köln, Münster oder Frankfurt kennt, wird kaum überrascht sein, dass Nippes und Ehrenfeld, das Mauritz- und das Kreuzviertel bzw. das Nordend die Stadtteile mit den meisten Künstlerinnen und Künstlern sind.

Den Mehrwert dieses Maßes veranschaulicht der Wahlkreis Lüchow-Dannenberg – Lüneburg. Weil das Umland von Lüneburg extrem dünn besiedelt ist, lässt die Bevölkerungsdichte – der am häufigsten verwendete Indikator für Urbanität – diesen Wahlkreis als einen der ländlichsten Wahlkreise Westdeutschlands erscheinen. Gleichzeitig leben aber immerhin ein Drittel seiner Einwohner in der Universitätsstadt Lüneburg. Diese Struktur erfasst das Maß der KSK-Versicherten sehr viel besser als die Bevölkerungsdichte.

Auf Kreisebene korreliert die Zahl der KSK-Versicherten gleichwohl stark mit anderen Indikatoren von Urbanität, bietet aber den großen Vorteil, sehr viel kleinräumiger verfügbar zu sein.[11] Postleitzahlbezirke haben in der Regel zwischen 10 000 und 20 000 Einwohnern und erlauben es damit, Unterschiede in der Sozialstruktur und der Urbanität innerhalb großer Städte relativ detailliert zu erfassen. Dadurch kann ich die Wahlergebnisse einzelner großer Städte genauer analysieren.

Ist der Aufstieg der AfD ein ländliches Phänomen?

Auch in Deutschland gilt der Aufstieg des Rechtspopulismus gemeinhin als wichtigster Ausdruck von Stadt-Land-Konflikten. Studien, die räumliche Muster in der Unterstützung für die AfD untersuchen, zeigen einen eindeutigen Stadt-Land-Gegensatz in der Regel aber nur für Ostdeutschland.[12] Für Westdeutschland zeichnen sie dagegen ein komplexeres Bild. Der einfachen Erzählung, die AfD reüssiere vor allem in «abgehängten Regionen», widerspricht schon die Tatsache, dass sie in einigen süddeutschen Regionen besonders stark ist, in denen das mittelständische Herz der deutschen Exportwirtschaft schlägt. So ließen sich bei der Bundestagswahl 2017 in Westdeutschland drei regionale Hochburgen der AfD identifizieren, nämlich das Ruhrgebiet, mittelgroße Städte in Süddeutschland und ländliche Regionen in Bayern.[13] Immerhin passt das Ruhrgebiet soziostrukturell noch in eine Erzählung von abgehängten Regionen: In einer vom ZDF in Auftrag gegebenen Studie zur Lebensqualität in deutschen Städten und Kreisen landete Gelsenkirchen auf Platz 401 von 401.[14] Da scheint es kein Wunder, dass die AfD hier bei der Bundestagswahl 2017 17,0 % und vier Jahre später immerhin noch 12,8 % der Zweitstimmen erzielte. Warum sie allerdings im Wahlkreis Heilbronn auf 13,2 % der Stimmen kam (nach 16,4 % 2017), lässt sich so kaum erklären.

Das heißt allerdings nicht, dass regionale Unterschiede für die Ergebnisse der AfD in Westdeutschland gar keine Rolle spielen. Auch wenn die AfD nicht per se die Partei des ländlichen Raumes ist, so ist sie doch die Partei bestimmter Räume. So zeigen Untersuchungen zur Qualität der öffentlichen Daseinsvorsorge, dass «abgehängte Regionen» sehr wohl dazu neigen, die AfD zu unterstützen.[15] Außerdem scheint AfD-Wähler weniger eine eigene Abstiegserfahrung als vielmehr die Angst vor einem Abstieg umzutreiben.[16] Diese wiederum speist sich häufig daraus, dass es viele Abstiegserfahrungen im eigenen geografischen Umfeld gibt. Das verweist auf die Bedeutung sozialer Kontexte: Ebenso wichtig wie die eigenen Erfahrungen sind die Erfahrungen, mit denen man im Alltag konfrontiert wird. Ein anderes Beispiel für die Bedeutung solcher Kontexte ist die Tatsache, dass sich bestimmte ländliche Regionen wie das Emsland oder das Münsterland wegen ihres katholischen Erbes als hochgradig resistent gegen die AfD erweisen.[17] Die politische Mobilisierung des Laienkatholizismus infolge des von Bismarck entfesselten Kulturkampfs scheint hier noch immer für eine immunisierende Wirkung des Katholizismus zu sorgen, die er in Süddeutschland längst verloren hat.

Für die Bundestagswahl 2021 liegen naturgemäß noch keine detaillierten Studien vor. Klar ist aber, dass auch 2021 das Stadt-Land-Gefälle in Ostdeutschland sehr viel stärker ausgeprägt war als in Westdeutschland: Abbildung 3.2 zeigt den Zusammenhang zwischen der Zahl der KSK-Versicherten und dem Zweitstimmenergebnis der AfD auf Wahlkreisebene.[18] So gewann die Partei in Sachsen zwar die Direktmandate in zehn von elf ländlichen Wahlkreisen, aber nicht in Dresden, nicht in Leipzig und nicht in Chemnitz. In Sachsen-Anhalt siegte sie in den sehr ländlichen Wahlkreisen Anhalt und Mansfeld; in Thüringen in vier der sechs ländlichsten Wahlkreise, aber weder in Erfurt noch in Jena.

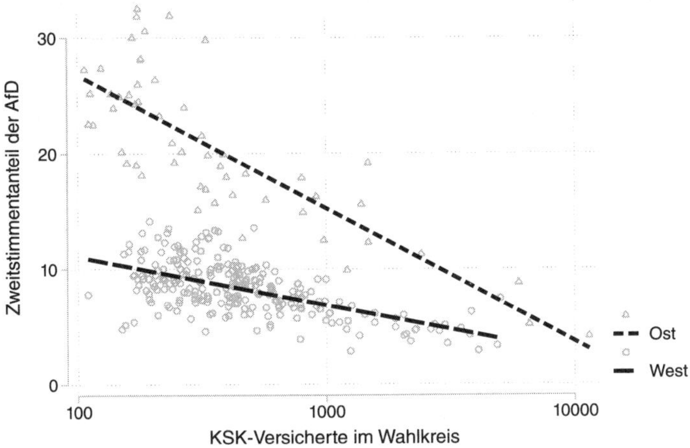

Abbildung 3.2: KSK-Versicherte und Zweitstimmenanteil der AfD, Wahlkreisebene[19]

In Westdeutschland ist das Bild dagegen nach wie vor komplizierter. Zwar schneidet die AfD auch hier in großen Städten besonders schlecht ab und verpasste etwa in Köln und München die 5%-Marke. Zugleich erzielt sie aber hier weiterhin auch in bestimmten ländlichen Regionen wie dem Münsterland, dem Emsland, aber auch in Schleswig-Holstein sehr schwache Ergebnisse.

Auch 2021 folgt die Unterstützung für die AfD in Westdeutschland also keinem simplen Stadt-Land-Schema, obwohl die Partei im Vergleich zu 2017 in Städten besonders stark verloren hat. Das war sowohl im Osten als auch im Westen der Fall. So konnte sie ihr Zweitstimmenergebnis in Thüringen insgesamt um 1,3 Prozentpunkte verbessern, fiel im urbansten Wahlkreis des Landes, dem Wahlkreis Erfurt – Weimar – Weimarer Land II aber von 18,2% auf 16,2%. In sehr urbanen Wahlkreisen in Westdeutschland, etwa in München, Frankfurt oder Stuttgart, verlor die Partei gegenüber 2017 sogar mehr als ein Drittel ihrer Stimmen.

Zudem verhüllt der Vergleich auf Ebene von Wahlkreisen einen ganz erheblichen Teil des Gefälles zwischen urbanen, suburbanen und ländlichen Räumen. Das zeigt sich, wenn man die Ergebnisse in den Städten durch Analysen auf Stadtteilebene genauer differenziert. Hier haben Studien für die Bundestagswahl 2017 gezeigt, dass die AfD vor allem in Stadtteilen mit hoher Arbeitslosigkeit und niedriger Wahlbeteiligung stark ist.[20] Diese Indikatoren messen allerdings vor allem die soziale Lage dieser Stadtteile, weniger ihre eigentliche Urbanität. Deshalb verwende ich die Anzahl der Versicherten in der Künstlersozialkasse auf Postleitzahlenebene als Annäherung an die Urbanität der einzelnen Stadtteile.

Abbildung 3.3 zeigt den Zweitstimmenanteil der AfD in vier großen deutschen Städten: Berlin, Essen, Dresden und Nürnberg. Trotz gewisser Unterschiede im Detail zeigt sich in allen vier Städten dasselbe Bild: In Bezirken mit überdurchschnittlich hohem Anteil von Künstlerinnen und Künstlern erzielt die AfD regelmäßig ihre schwächsten Ergebnisse. In Bezirken mit wenigen Künstlern ist ihr Stimmanteil oft drei- oder viermal so hoch. Das gilt in Berlin, wo der S-Bahn-Ring die Stadtteile mit niedrigen AfD-Ergebnissen von denen mit hohen AfD-Ergebnissen trennt, ebenso wie in der Ruhrgebietsstadt Essen. Während die AfD in den vom Strukturwandel gezeichneten Stadtteilen des Essener Nordens teilweise bis zu 15% der Stimmen erzielt, kommt sie in den urbanen Innenstadtvierteln oft nicht einmal auf 5%. Auch in Dresden, unter allen deutschen Städten mit mehr als 500000 Einwohnern diejenige, in der die AfD mit Abstand am besten abschneidet, sieht das Bild nicht anders aus: Die AfD ist eindeutig die Partei des Stadtrands und nicht der hippen Innenstadtviertel. Am schwächsten ist der Zusammenhang in Nürnberg, aber auch dort ist er eindeutig: Je mehr ein Stadtteil unseren Vorstellungen von «Urbanität» entspricht, desto schwächer ist die AfD.

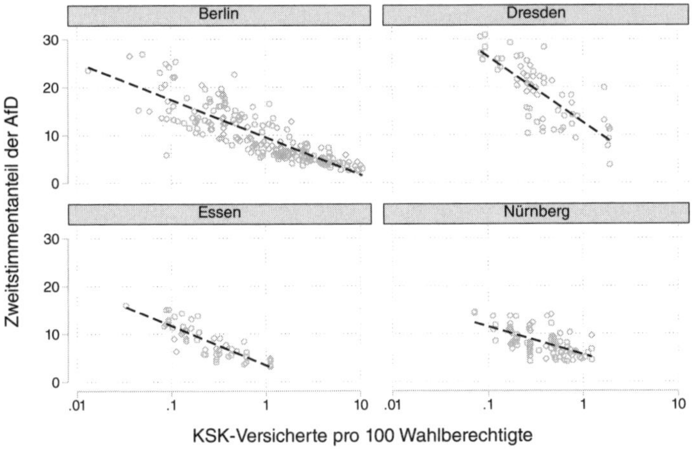

Abbildung 3.3: KSK-Versicherte und Zweitstimmenanteil der AfD, Großstädte[21]

Anders als häufig suggeriert, war die AfD bislang also kein Musterbeispiel für die Rache der Dörfer, sondern repräsentierte eine recht disparate geografische Koalition. Gegenüber der letzten Bundestagswahl hat sie 2021 aber vor allem in städtischen Wahlkreisen an Zustimmung verloren und ist dort in den Zentren sehr viel schwächer als in den Randlagen. In ländlichen Regionen konnte sie ihre Verluste begrenzen oder, vor allem in Ostdeutschland, sogar leicht zulegen. Insofern entwickelt sie sich zunehmend zu einer Partei der Peripherie – der Dörfer, des Stadtrands und der Plattenbauviertel.

Der Aufstieg der Grünen als städtisches Phänomen

Während die AfD sich erst allmählich zu einer Partei der Peripherie entwickelt, sind die Grünen voll und ganz eine Partei der Zentren. Sie sind die Partei, die eigentlich im Fokus des wachsenden Stadt-Land-Gegensatzes in Deutschland steht.

Da der Stadt-Land-Gegensatz häufig im Kontext des Rechtspopulismus analysiert wird, gibt es sehr viel weniger Untersuchungen zu den geografischen Bestimmungsfaktoren grüner Wahlergebnisse als zu denen der AfD. Stattdessen stellen Studien zu den Grünen vor allem den Faktor Bildung in den Mittelpunkt und schreiben dem Einfluss des Wohnortes eine eher untergeordnete Rolle zu.[22] International vergleichende Studien beschreiben die prototypischen Grünenwähler aber nicht nur als jung, hochgebildet, mehrheitlich weiblich und in kreativen Branchen tätig, sondern auch als dezidiert städtisch.[23] Das Stadt-Land-Gefälle in den Wahlergebnissen der Grünen gilt trotzdem oft als Folge davon, dass in Städten eben viele junge, gutgebildete Wählerinnen und Wähler leben.

Selbst wenn es ein reiner Kompositionseffekt wäre, ist dieses Gefälle aber bemerkenswert. Besonders stark ist es seit jeher in Ostdeutschland, wo die Grünen die Landtage häufig nur dank ausgezeichneter Ergebnisse in den Großstädten erreichen. Bei der Landtagswahl in Sachsen-Anhalt 2021 verfehlten sie die 5%-Hürde in zwei Dritteln der Wahlkreise, zogen aber dennoch komfortabel in den Landtag ein, weil sie in Magdeburg fast 11% und in Halle sogar fast 14% der Stimmen erzielten. Auch in den anderen ostdeutschen Bundesländern sind die Universitätsstädte Erfurt, Potsdam, Jena, Leipzig oder Greifswald dunkelgrüne Flecken in einer ansonsten äußerst blassgrünen Landschaft.

Aber auch in Westdeutschland sind die Grünen vor allem eine

Partei der Städte. Zwar liegen sie hier auch auf dem Land stabil oberhalb der 5%- und häufig sogar oberhalb der 10%-Marke. Den städtischen Charakter ihrer Wählerbasis zeigt aber schon die Liste der Direktmandate, die sie bei der Bundestagswahl 2021 errangen: Aachen, Bonn, Freiburg, Frankfurt II, Heidelberg, Karlsruhe, Köln II, München Süd, Münster und Stuttgart I, dazu zwei Wahlkreise in Hamburg und drei in Berlin. Einzig Robert Habeck gewann mit dem Wahlkreis Flensburg-Schleswig einen eher ländlichen Wahlkreis.

Abbildung 3.4 zeigt, dass dieser Zusammenhang auch systematisch gilt, und zwar sowohl in Ost- als auch in Westdeutschland: je größer die Künstlerdichte in einem Wahlkreis, desto besser die Aussichten der Grünen. Mit nur zwei Variablen, Künstlerdichte und Ost/West-Unterscheidung, lassen sich bemerkenswerte 83% der Streuung der Grünen-Zweitstimmenergebnisse erklären.

Ähnlich wie bei der AfD hat dieses Gefälle bei der Bundestagswahl 2021 noch einmal zugenommen. Die Grünen erzielten in städtischen Regionen nicht nur ihre besten Ergebnisse, sie hatten dort auch größere Zuwächse. Statt wie erwartet in die Breite der Gesellschaft auszugreifen, ist die Wählerbasis der Grünen heute also noch stärker in ihren Hochburgen konzentriert, als das vier Jahre zuvor der Fall war.

Nun sind linke Parteien traditionell urbane Parteien – das gilt auch für die SPD und die Linke. Spezifisch für die Grünen ist aber ihre Stärke in den Zentren der Wissensökonomie. Während die Stärke linker Parteien in großen Städten historisch vor allem ihrer Stärke in der industriellen Arbeiterschaft zu verdanken war, sind die Grünen die Partei der akademisch gebildeten urbanen Mittelschicht. Deshalb erzielen sie in traditionellen Industriestädten wie Wolfsburg oder den Ruhrgebietsstädten zwar überdurchschnittliche, aber keine herausragenden Ergebnisse. Ihre eigentlichen Hochburgen sind neben Metropolen vor allem

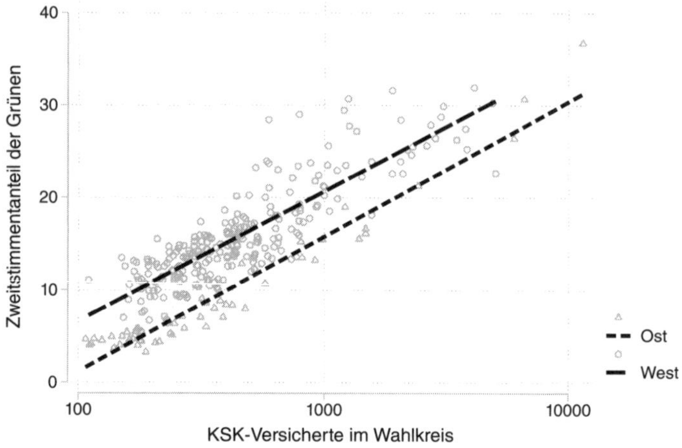

Abbildung 3.4: KSK-Versicherte und Zweitstimmenanteil der Grünen, Wahlkreisebene

Universitäts- und Verwaltungsstädte, wie die Liste ihrer Wahlkreissiege eindrücklich zeigt.

Hinzu kommt, dass das Gefälle der Grünen-Ergebnisse innerhalb dieser Städte enorm ist. In aller Regel erzielen die Grünen in den Innenstadtbezirken sehr viel stärkere Ergebnisse als in den Außenbezirken. Dass Parteien in Städten uneinheitlich abschneiden, ist keineswegs ungewöhnlich, wie ja schon die Analyse der AfD gezeigt hat. So eindeutig wie bei den Grünen ist das räumliche Muster aber bei keiner anderen Partei.

Besonders eindrucksvoll zeigt sich dieser Zusammenhang in Berlin, wo die Grünen in den Hotspots der Künstler und der sie umgebenden Milieus teilweise Wahlergebnisse von um die 40% erzielten und ja auch drei Wahlkreise gewannen. In den Randbezirken lagen sie dagegen teilweise bei gerade einmal 10%. Ein ähnlicher Zusammenhang zeigt sich wiederum in der Ruhrgebietsstadt Essen, nicht unbedingt als Metropole grüner Lebensstile bekannt. Hier erreichten die Grünen im urbanen

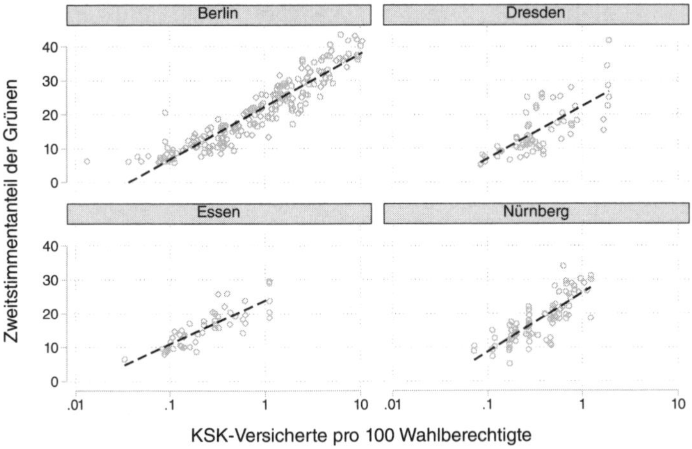

Abbildung 3.5: KSK-Versicherte und Zweitstimmenanteil der Grünen, Großstädte

Südviertel und im hippen Rüttenscheid jeweils etwa 30 %, im Helmut-Rahn-Stadtteil Katernberg dagegen gerade einmal 8,6 %. Und auch in Dresden, einer Stadt, die ebenfalls nicht als grüne Hochburg gilt, erzielten sie im Szeneviertel Äußere Neustadt bemerkenswerte 41,8 % der Zweitstimmen. Schließlich ist der Zusammenhang auch in Nürnberg eindeutig und sehr viel stärker ausgeprägt als bei der AfD.

Unter den deutschen Parteien sind die Grünen also die eigentlichen Repräsentanten einer wachsenden Stadt-Land-Polarisierung. Während sie in den Städten mittlerweile oft die stärkste Partei sind, landen sie auf dem Land im Westen auf Platz fünf, im Osten sogar auf Platz sechs. Das unterscheidet sie nicht nur von den beiden anderen linken Parteien, die einen schwächer ausgeprägten Stadt-Land-Gradienten haben, sondern insbesondere auch von der FDP, die ja gelegentlich ebenfalls als Partei urbaner Modernisierungsgewinner apostrophiert wird. Nicht nur gibt es in den Wahlergebnissen der FDP praktisch kein Stadt-

Land-Gefälle – ihre Streuung ist allgemein viel geringer. Während die Ergebnisse der FDP in allen 299 deutschen Wahlkreisen zwischen 6% und 18% liegen, ist die Spanne der Grünen-Wahlkreisergebnisse fast dreimal so groß und reicht von 3% bis 37%.

Stadt-Land-Konflikte und die Zukunft der Union

Grüne und AfD sind die Parteien, die heute die Pole des Stadt-Land-Gegensatzes in der deutschen Politik bilden. Damit lösen sie SPD und Union ab, die diesen Gegensatz traditionell vertreten hatten. Diesen beiden Parteien gelang es aber immer wieder, über den Stadt-Land-Graben hinauszugreifen. So stellte die CDU fast 20 Jahre den regierenden Bürgermeister Berlins und von 2001 bis 2011 den ersten Bürgermeister Hamburgs. Die Bundestagswahl 2021 bedeutete für die großstädtische Union jedoch einen Tiefschlag. So stürzte sie in Hamburg von 27,2% auf 15,4% der Zweitstimmen ab. Etwas besser hielt sie sich in Berlin, wo sie von 22,7% auf 15,9% fiel. Auch in Köln, Frankfurt, Stuttgart und Hannover lag sie nach Zweitstimmen nur auf Platz 3 hinter Grünen und SPD.

Trotzdem hat sich das Stadt-Land-Gefälle im Unions-Ergebnis gegenüber 2017 insgesamt kaum verändert.[24] Denn die Union musste nicht nur in den Städten, sondern auch auf dem Land heftige Verluste hinnehmen. So verlor die CSU in München und Nürnberg weniger stark als im Rest Bayerns, was vor allem mit der Stärke der Freien Wähler auf dem bayerischen Land zu tun hat. In Ostdeutschland verlor die CDU fast alle ländlichen Wahlkreise an die SPD oder die AfD, gewann aber paradoxerweise drei Wahlkreise in Leipzig und Dresden.

Für das Profil der Union dürften die städtischen Verluste allerdings fundamentalere Konsequenzen haben als ihre Verluste auf

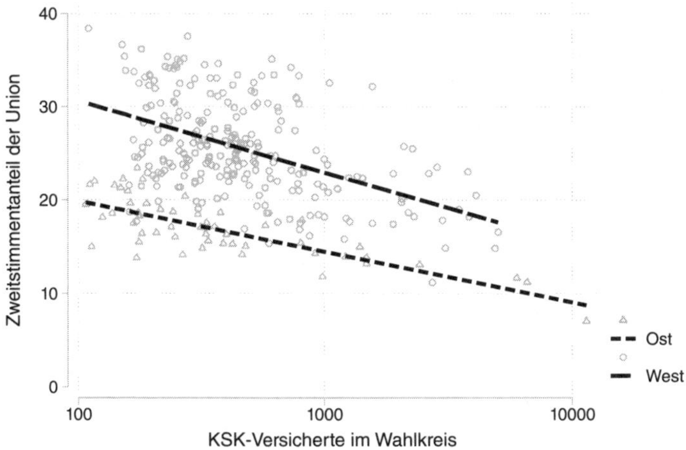

Abbildung 3.6: KSK-Versicherte und Zweitstimmenanteil der Union, Wahlkreisebene

dem Land. In ländlichen Wahlkreisen bleibt sie auch mit zweistelligen Verlusten Volkspartei, jedenfalls in Westdeutschland. In den Städten dagegen bedeuten solche Verluste eine fast existenzielle Bedrohung.

Die Folge dieser Verluste zeigt sich in der Zusammensetzung der Unionsfraktion: Da fast drei Viertel der Unionsabgeordneten über Direktmandate in den Bundestag einziehen, die Union aber kaum städtische Wahlkreise gewinnt, sind Städte in der Fraktion deutlich unterrepräsentiert. Damit fehlen in Zukunft städtische Abgeordnete, die städtische Themen in die Fraktionsarbeit einbringen würden (dazu unten mehr). Und umgekehrt fehlen in diesen Städten Unionsabgeordnete, die ihre Partei präsent halten. Wenn Unternehmen, Vereine, Kommunalpolitiker oder natürlich Wählerinnen und Wähler in diesen Wahlkreisen ein Anliegen haben, das sie in Berlin repräsentiert wissen wollen, müssen sie sich in Zukunft an die SPD, die FDP oder die Grünen wenden.

Sollte die Union in den großen deutschen Städten dauerhaft nur auf Platz drei liegen, muss sie zudem fürchten, ihre Machtbasis in den Rathäusern zu verlieren. Nach einer recht erfolgreichen Kommunalwahl in NRW im Jahr 2020 stellt sie zurzeit noch eine ganze Reihe von Großstadtoberbürgermeistern. Es ist aber gut vorstellbar, dass OB-Wahlen in Zukunft regelmäßig zu einem Duell zwischen SPD und Grünen werden.

Die Union steht damit vor der Herausforderung, eine Abwärtsspirale zu vermeiden, in der sie Wahlerfolge vor allem noch im ländlichen Raum erzielt, sich deshalb vor allem um ländliche Wähler bemüht, was wiederum dazu führt, dass ihre Wahlergebnisse ein noch stärkeres Stadt-Land-Gefälle bekommen. Dass eine solche Spirale eine reale Gefahr ist, zeigen die Versuche von Politikern wie Friedrich Merz oder Jens Spahn, sich durch Attacken auf Berlin bei der Parteibasis zu profilieren. In mancher Hinsicht kann man auch den Wettstreit um den CDU-Parteivorsitz zwischen Friedrich Merz und Norbert Röttgen als Auseinandersetzung über diese Frage interpretieren: Wo lebt die von Norbert Röttgen beschworene «moderne Mitte», wenn nicht in den großen Städten?

Sollte die Union der Versuchung nachgeben, in der Opposition näher an die AfD zu rücken, wäre das also nicht nur eine Verschiebung nach rechts. Es würde die Union auch eindeutig als Partei des ländlichen Raumes positionieren und könnte damit zu einer deutlichen Verschärfung von Stadt-Land-Konflikten beitragen. Der Stadt-Land-Gegensatz würde dadurch zunehmend mit dem Links-Rechts-Gegensatz verschmelzen, wodurch er endgültig zu einer dominanten Spaltungslinie im deutschen Parteiensystem würde.[25]

Eine Rückkehr, auch in Deutschland

Mit der Bundestagswahl hat sich der Stadt-Land-Graben in der deutschen Politik also noch einmal deutlich vertieft. Das wird auch deutlich, wenn man nicht auf einzelne Parteien, sondern auf die Struktur des Parteiensystems als Ganzes schaut: Trotz des Aufschwungs der SPD hat sich der Niedergang der beiden früheren Volksparteien bei der Bundestagswahl noch einmal fortgesetzt. Zusammen kamen sie nur noch auf 49,8% und erzielten damit erstmals weniger als die Hälfte der Stimmen.

Dieser Niedergang der Volksparteien ist verschiedentlich als ein wichtiges Krisenphänomen des deutschen politischen Systems beschrieben worden.[26] Denn er erschwert, was laut Adam Przeworski die Minimaldefinition von Demokratie ausmacht: dass die Bürgerinnen und Bürger «die Möglichkeit haben, sich einer Regierung zu entledigen, die ihnen nicht gefällt».[27] Wen soll man noch abwählen, wenn ohnehin alle Parteien über Bundestag oder Bundesrat an der Gesetzgebung beteiligt sind und wenn eine Regierung im Wartestand fehlt, die den Wählern klare Alternativen anbieten könnte?

Unbeachtet geblieben ist bislang allerdings, dass dieser Niedergang der Volksparteien eine klare Stadt-Land-Dimension hat. Davon profitieren nämlich (mit Ausnahme der FDP) fast ausschließlich Parteien, die ein eindeutig urbanes bzw. ländliches Profil aufweisen. Das gilt für die beiden Hauptprofiteure, die Grünen und die AfD. Es gilt aber noch mehr für viele der «Sonstigen», die bei der Bundestagswahl 2021 ein Rekordergebnis von 8,7% der Stimmen erreichten. So sind Parteien wie Volt oder «Die Partei» beinahe rein großstädtische Phänomene, die als Ausdruck des Bedürfnisses nach immer individuelleren Politikangeboten interpretiert werden können: Statt sich auf das normierte Angebot der Volksparteien einzulassen, wählt man lieber eine Boutiquepartei, die eine auf die individuellen Präferenzen abgestimmte Programmatik bietet. Auf der anderen Seite übersprangen die Freien Wähler als hauptsächlich ländliche Partei 2021 in immerhin 35 Wahlkreisen die 5%-Hürde. Auch die Coronaleugner-Partei «die Basis» hat ein klar ländliches Profil. An beiden Enden des Stadt-Land-Spektrums konstituieren sich damit Parteien mit einem noch schärferen geografischen Profil als die Grünen und die AfD.

Diese Zersplitterung des Parteiensystems war in den Städten, vor allem den großen Universitätsstädten, lange sehr viel weiter vorangeschritten auf dem Land. Das hatte damit zu tun, dass sich der Niedergang der SPD schneller vollzog als der Niedergang von CDU/CSU. Es leuchtet aber auch aus strukturellen Gründen ein: In den Städten lebt eine diversere Bevölkerung, die auch diversere politische Ansichten hat. Zugleich ist es dort leichter, die kritische Masse an Aktivisten und Unterstützern für ein partikulares politisches Anliegen zusammenzubringen. Wer auf dem Land bestenfalls einzelne Gleichgesinnte findet, findet in der Stadt schnell ein oder zwei Dutzend. Wie die Ergebnisse der Freien Wähler und der Partei «die Basis» zeigen, schreitet dieser Prozess aber auch auf dem Land voran. Das lag 2021 vor allem an der gewaltigen Schwäche der Union und der spezifischen Mobilisierung in Bezug auf Corona. Insofern bleibt abzuwarten, wie sehr sich dieser Trend verstetigt.

In jedem Fall ist das deutsche Parteiensystem zunehmend stärker entlang des Stadt-Land-Gegensatzes polarisiert. Momentan sieht es auch nicht so aus, als würde sich das bald wieder ändern. Ob sich der Gegensatz zwischen Stadt und Land weiter vertieft, hängt natürlich auch von den strategischen Positionierungen der Parteien und insbesondere der Union ab. Diese Entwicklung hat aber auch klare strukturelle Ursachen, die verständlich machen, warum der Konflikt gerade jetzt zurückkehrt und warum er die spezifische Form annimmt, die dieses Kapitel beschrieben hat. Diese Ursachen liegen zum einen in Veränderungen der Wirtschaftsstruktur und kulturellen Werte, die praktisch alle zeitgenössischen kapitalistischen Gesellschaften erfasst haben. Zum anderen haben sie aber auch mit spezifischen Veränderungen in den Rahmenbedingungen der deutschen Politik wie der Wiedervereinigung und dem Wiederaufstieg Berlins zur deutschen Metropole zu tun.[28] Im Folgenden werde ich zunächst die strukturellen Veränderungen diskutieren, ehe ich mich den Besonderheiten der deutschen Situation zuwende.

4
Städte von heute: Wissensökonomie und kreative Klasse

Der Konflikt zwischen Stadt und Land ist in fast allen westlichen Ländern wieder zu einem prägenden politischen Phänomen geworden. Für Zeitpunkt und Schärfe seines Auftretens sind zwei grundlegende Verschiebungen in der Struktur zeitgenössischer Gesellschaften verantwortlich.

Ökonomisch sind diese Gesellschaften heute Wissensökonomien, in denen Austausch und Vernetzung die wichtigsten Quellen ökonomischer Prosperität sind. Wirtschaftliches Wachstum entsteht inzwischen vor allem durch Innovation, und Innovation entsteht dort, wo drei Faktoren zusammenkommen: ein großer Pool gutausgebildeter Arbeitskräfte, besonders innovative und produktive Firmen und leistungsstarke Universitäten. Kurz: in großen, international vernetzten Städten. Deshalb wird der wirtschaftliche Graben zwischen Stadt und Land zunehmend größer, solange der Staat keine scharfen Gegenmaßnahmen ergreift.

Kulturell entwickelt sich in diesen Ländern zugleich ein kosmopolitischer Lebensstil zur gesellschaftlichen Norm. Dazu zählen Werte wie Diversität, Offenheit und Toleranz, aber auch bestimmte Konsummuster und kulturelle Interessen. Kristallisationspunkt dieses Lebensstils sind die großen Städte, in denen ein großer Teil der Bevölkerung diese Werte teilt und in denen die kritische Masse vorhanden ist, um bestimmte Konsum- und Kulturangebote überhaupt vorzuhalten. Geprägt wird dieser Lebensstil von den urbanen Mittelschichten, die über gesamtgesellschaftliche Deutungsmacht verfügen, weshalb die Insignien eines urbanen Lebensstils zunehmend mit hohem Prestige konnotiert sind, während ein vermeintlich ländlicher Lebensstil als tendenziell antiquiert gilt. Entsprechend stimmen 65% der Befragten der Aussage zu, in Deutschland würden «ein städtischer Lebensstil und das kulturelle Leben der Stadt mehr geschätzt und respektiert als ein ländlicher Lebensstil».[1]

Wenn ich die beiden Prozesse im Folgenden genauer betrachte, will ich vor allem ergründen, warum die Betonung des Stadt-Land-Konflikts ein so großes Mobilisierungspotential bietet. Dabei argumentiere ich, dass damit gleichzeitig wirtschaftliche und kulturelle Spaltungstendenzen angesprochen werden können. Die beiden Prozesse verlaufen nämlich nicht unabhängig voneinander, sondern sind eng miteinander verschränkt.

Der Wandel zur postindustriellen Ökonomie

Wie wir oben bereits gesehen haben, gingen die Ungleichheiten zwischen Stadt und Land in den drei Jahrzehnten nach dem Ende des Zweiten Weltkriegs tendenziell zurück. In dieser Zeit nahm die Ungleichheit in der Gesellschaft insgesamt ab – ein Trend, der in den meisten westlichen Demokratien jedoch in den 1970er-Jahren endete. Spätestens seit den 1980er-Jahren begann die Ungleichheit der Einkommen und der Vermögen wieder zu steigen.[2] Dafür waren sowohl strukturelle Prozesse wie der Übergang von der Industrieökonomie mit ihren hohen Produktivitätszuwächsen zur Dienstleistungsökonomie als auch politische Entscheidungen wie Steuersenkungen, die Liberalisierung von Märkten und eine Schwächung der Gewerkschaftsbewegung verantwortlich.

Zunächst war allerdings nicht ausgemacht, wie diese Prozesse sich auf regionale Ungleichheit auswirken würden. Der Aufstieg moderner Kommunikationstechnologien weckte die Erwartung, Städte würden weiter an Attraktivität verlieren, weil viele Tätigkeiten nun auch aus der Ferne ausgeübt werden könnten. Schon in den 1990er-Jahren wurde daher ein Diskurs geführt, der stark an aktuelle Debatten über die Auswirkungen der Pandemie auf die Arbeitswelt erinnert: Warum in einem engen Büro in Frankfurt oder Mailand sitzen, wenn man dieselbe Arbeit ebenso gut aus einem großen Gartengrundstück im Taunus oder am Comer See erledigen könne? Vor diesem Hintergrund verkündete die Economist-Journalistin Frances Cairncross schon 1997 den «Death of Distance» und argumentierte: «Geografie, Grenzen, Zeitzonen – sie alle werden wegen der Kommunikationsrevolution rasch irrelevant dafür, wie wir unsere Arbeit und unser Privatleben organisieren.»[3] Der New-York-Times-Kolumnist Thomas Friedman brachte diese Entwicklungen in einem vielzitierten Bestseller auf die Formel, die Welt sei flach.[4]

Aus heutiger Perspektive dient dieser Diskurs als Warnung, Prognosen über langfristige strukturelle Folgen der Pandemie mit Vorsicht zu genießen.[5] Tatsächlich erwies sich die Distanz nämlich bald als quicklebendig. Statt zurückzugehen, nahm die Bedeutung von Austausch und Vernetzung vor Ort in der digitalen Ökonomie sogar noch zu, und zwar gerade in den innovativsten und technologisch avanciertesten Industrien. Das mit Abstand prominenteste Beispiel dafür ist das Silicon Valley, wo sich auf einigen hundert Quadratkilometern die wichtigsten Unternehmen der Informationstechnologie ballen.

Ökonomen beschäftigen sich bereits seit dem 19. Jahrhundert mit der Frage, warum sich wirtschaftliche Aktivität in Städten konzentriert, obwohl sie dort mit allerlei Kosten verbunden ist – von immer höheren Mieten bis zu ständig länger werdenden Staus. Die Antwort der «Urban Economics» lautet, kurz gesagt, dass Firmen aus derselben Branche wegen Skalen- und Netzwerkeffekten produktiver werden, wenn sie sich am selben Ort niederlassen. So erlaubte räumliche Nähe in der Industrieökonomie, wichtige Infrastrukturen wie einen Hafen oder einen Eisenbahnanschluss zu teilen. In der Wissensökonomie gewinnen vor allem zwei andere Faktoren an Gewicht.[6]

Erstens profitieren die Firmen von «tieferen» Märkten, das heißt von einer größeren Auswahl von Zulieferern, Kooperationspartnern und Abnehmern, mit denen sie passgenaue Verträge schließen können.[7] Auch die Finanzierung eines Unternehmens ist in tieferen Märkten einfacher. Das gilt insbesondere für Startups: Sie finden die besten Finanzierungsmöglichkeiten an Orten, an denen viele Risikokapitalgeber auf der Suche nach Investitionsmöglichkeiten sind. Und umgekehrt sind für Risikokapitalgeber natürlich vor allem solche Orte attraktiv, an denen viele Startups gegründet werden.[8]

Noch wichtiger ist dieses Phänomen auf dem Arbeitsmarkt: Wo viele Arbeitgeber auf viele Arbeitnehmer aus derselben Branche treffen, finden Firmen Mitarbeiter, deren Qualifikationen exakt zum Profil der ausgeschriebenen Stelle passen – und umgekehrt.[9] Je besser das «Matching» zwischen Arbeitgebern und Arbeitnehmern, desto höher ist zugleich die Produktivität. Zudem scheint Produktivität ansteckend zu sein: Hochqualifizierte Arbeitskräfte werden produktiver, wenn sie mit anderen Hochqualifizierten zusammenarbeiten, und erwerben dann auch schneller und nachhaltiger neue Fähigkeiten.[10] Deshalb werden Arbeitskräfte mit gleicher Qualifikation in Städten sehr viel besser bezahlt als auf dem Land.[11] So schätzt ein Team um den Ökonomen Wolfgang Dauth, dass ein Arbeitnehmer in München einen um 43% höheren Stundenlohn erhält als ein vergleichbar qualifizierter und erfahrener Arbeitnehmer in Uelzen. Diese Differenz ist seit den 1980er-Jahren stetig gewachsen.[12] Offenbar lohnt es sich für Firmen, diese höheren Löhne zu bezahlen (von denen ihre Mitarbeiter dann wiederum höhere Mieten bezahlen), um von der höheren Produktivität zu profitieren.

Zweitens erleichtert die räumliche Nähe den Austausch von Wissen und Ideen. Zwar scheint Wissen selbst ortsungebunden zu sein – und viele Universitäten haben in der Pandemie gezeigt, dass es auch ortlos vermittelt werden kann –, aber in den meisten Fällen wird es in viel weniger strukturierten Kontexten als Universitätsseminaren weitergegeben. Während der Austausch von Ideen über lange Distanzen fast immer einen formalisierten Prozess erfordert, bei dem im Grunde schon vorher feststeht, was konkret ausgetauscht werden soll, vollzieht er sich im direkten Arbeitsumfeld oft beiläufig, ja beinahe zufällig: ob in der Kaffeepause, am Drucker oder auf dem Weg zur S-Bahn.

Als Beleg für die Ortsgebundenheit von Wissen und Innovation gelten Patente, die eigentlich besonders ortsungebunden sein sollten, weil sie Wissen explizit kodifizieren: Ein in Boston entwickeltes Patent kann ebenso gut in Basel oder Buenos Aires genutzt werden. Untersuchungen zeigen jedoch, dass Patentanmeldungen überproportional solche Patente zitieren, die in der Nähe angemeldet worden sind.[13] «Ideen», so der Ökonom Edward Glaeser, «überqueren Flure und Straßen sehr viel schneller als Kontinente und Ozeane.»[14] Der Trend, klassische Büros durch flexible Großräume ohne feste Arbeitsplätze zu ersetzen, hat ganz wesentlich das Ziel, sogar den Flur als mögliche Barriere für den Austausch von Ideen aus dem Weg zu räumen.

Häufig ist Wissen zudem nicht einmal kodifizierbar, sondern «implizit».[15] Vereinfacht gesagt: Kodifizierbares Wissen kann in einer präzisen Anleitung gespeichert werden, die im Prinzip ein Roboter ausführen könnte. «Implizites» Wissen dagegen ist an eine konkrete Person gebunden, die über besondere Routine oder Detailkenntnisse verfügt. Ein Beispiel dafür ist das Backrezept: Dass Omas Plätzchen am Ende nie genau so schmecken wie früher bei Oma, hat vermutlich viel mit verklärender Erinnerung zu tun – aber auch damit, dass ein Rezept zwar die Zutatenmenge exakt angeben kann, beim Backen aber auch Erfahrung und Geschmack eine wichtige Rolle spielen. Deshalb kann implizites Wissen nicht unabhängig von seinen Trägern weitergegeben werden, sondern wird im direkten Austausch von Mitarbeiter zu Mitarbeiter vermittelt.

Wissensbasierte Agglomerationseffekte, gerade in den innovativsten Bereichen einer Gesellschaft, sind im Prinzip nichts Neues. So kennt die Geschichte der Kunst eine Vielzahl lokaler Innovationszentren, von Florenz in der Renaissance bis zur Düsseldorfer Fotoschule im 20. Jahrhundert. Ideen entstehen dort im Austausch mit anderen, die Innovationskraft der Stadt lockt wiederum ehrgeizige Neuankömmlinge an, die die vorhandenen Ideen aufnehmen und mit ihren eigenen Ideen anreichern. Nur sind die Hindernisse, die Neuankömmlinge zu überwinden haben, mittlerweile viel niedriger. Während Dürer für seine Venedigreise noch mühsam die Alpen überqueren musste, ist Berlin heute für die meisten Europäer mit Easyjet zum Preis einer Hotelübernachtung zu erreichen.

Das Ende des Industriezeitalters bedeutet also keineswegs, dass die Ökonomie ortlos wird. Bloß entwickeln sich ihre Zentren nicht mehr an großen Kohlevorkommen oder wichtigen Flussmündungen. Stattdessen profitieren von den beschriebenen Agglomerationseffekten zwei Typen von Städten. Zum einen wären da die großen Metropolen, in denen die produktivsten Firmen ihre Zentralen haben und die höchsten Löhne zahlen. Im globalen Maßstab handelt es sich um Städte wie New York und San Francisco, London, Mailand, Paris oder Tokio. Das Pro-Kopf-Einkommen liegt in diesen Städten weit über dem Landesschnitt und mit ihrem Umland dominieren sie die nationale

Ökonomie. In Deutschland sind vor allem die Wirtschaftsmetropolen Hamburg, München, Frankfurt, Düsseldorf oder Stuttgart Profiteure dieser Entwicklung.

Der zweite große Gewinner sind Universitätsstädte. Forschungsstarke Universitäten werden zum Nukleus wirtschaftlicher Prosperität, indem sie forschungsorientierte Unternehmen anlocken, die sich im Umfeld ansiedeln, Entwicklungskooperationen mit diesen eingehen und Ergebnisse der universitären Grundlagenforschung zu marktreifen Produkten weiterentwickeln. Zudem bringen Universitäten die Absolventen hervor, die nach ihrem Studium in diesen Unternehmen arbeiten. Das Musterbeispiel für diese Prozesse ist Boston, wo sich eine starke Pharma- und Biotechindustrie angesiedelt hat, die direkt von der Nähe zu Universitäten wie Harvard und dem MIT profitiert.[16] Aber auch kleine Universitätsstädte wie Oxford und Cambridge in Großbritannien oder Lund und Uppsala in Schweden profitieren von ähnlichen Entwicklungen. In Deutschland repräsentieren Städte wie Heidelberg, Münster, aber auch Jena diesen Typus der boomenden «Smart City» – neuerdings aber vor allem Mainz, wo Biontech, eine Ausgründung der Universitätsmedizin, der Stadt Gewerbesteuereinnahmen in Milliardenhöhe beschert.

Vom Erfolg dieser Städte profitieren allerdings nicht alle Einwohner gleichermaßen. Gestiegen sind vor allem die Löhne für Hochqualifizierte.[17] Die gleichen Prozesse, die zu einer wachsenden Polarisierung zwischen Stadt und Land führen, tragen also gleichzeitig auch zu einer Polarisierung innerhalb der Städte, zwischen gutverdienenden Akademikern und einer zunehmend prekären Gruppe niedrigqualifizierter Arbeitnehmer im Dienstleistungssektor bei. Aber auch unter den Akademikern gibt es viele, die sich durch eine Kette von Teilzeitverträgen und befristeten Beschäftigungsverhältnissen hangeln oder sich in einer prekären Selbstständigkeit befinden.[18] Die KSK-Versicherten sind dafür das beste Beispiel.[19]

Insofern ist es zu einfach, die Konsequenzen dieser Entwicklung auf eine einfache Stadt-Land-Dichotomie zu verkürzen. Zwar erscheint das Land noch einigermaßen homogen,[20] aber innerhalb der Städte gibt es erhebliche Unterschiede zwischen den teuren Innenstadtvierteln und den Gebieten am Stadtrand, wo die Mieten noch relativ niedrig sind.

Zu den Unterschieden innerhalb von Städten kommen die Unterschiede zwischen verschiedenen Städten. Zu den Verliererregionen der Transformation zur Wissensökonomie zählen nämlich insbesondere traditionelle Industriestädte, denen es nicht gelungen ist, den jahrzehntelangen Niedergang der Montan-, Textil- oder Werftindustrie durch die Ansiedlung neuer Branchen auszugleichen. In Deutschland hat das nordfranzösische Reims durch Didier Eribons Bestseller «Rückkehr nach Reims» große Bekanntheit als Beispiel dieses postindustriellen Niedergangs erlangt.[21] Das weltweit berüchtigtste Beispiel ist aber Detroit, das Zentrum der amerikanischen Automobilindustrie, das seit 1970 mehr als die Hälfte seiner Einwohner verloren hat. Die Bilder verlassener Fabriken, Theater oder Wohngebäude sind so verstörend, dass eine Kunstaktion in Bochum die Frage, wie es nach dem Ende der Autoproduktion bei Opel mit der Stadt weitergehen werde, unter das Motto «This is not Detroit» stellte.[22] Tatsächlich ballen sich die vom Strukturwandel erschütterten Städte in Deutschland im Ruhrgebiet. Dabei gelingt es Bochum als großem Universitätsstandort noch, die Strukturkrise verhältnismäßig gut zu meistern. Repräsentanten eines ungebremsten Niedergangs alter Industriestandorte sind in Westdeutschland eher Städte wie Gelsenkirchen, Herne oder Pforzheim, in denen nie eine Universität gegründet wurde. In Ostdeutschland gibt es viele Städte, die mit der Abwicklung der DDR-Industrie in eine anhaltende Strukturkrise gerieten, ob Gera, Chemnitz oder – noch sehr viel extremer – von der DDR ausgebaute Mittelstädte wie Hoyerswerda, Schwedt oder Eisenhüttenstadt.

Die zweite große Verliererregion ist der ländliche Raum. Wenn die positiven Externalitäten der städtischen Ballung eine Aufwärtsspirale in Gang setzen, die zu mehr Innovation und höherem Wachstum führt, dann setzt das Fehlen dieser Ballung eine entsprechende Abwärtsspirale in Gang: Junge und gut qualifizierte Einwohner, vor allem Frauen, verlassen die Region und gehen auf der Suche nach besseren Jobs in die großen Städte. Das macht es für Firmen unattraktiv, sich auf dem Land anzusiedeln. Zurück bleibt eine schrumpfende und überalterte Bevölkerung, die häufig in Industrien ohne große Zukunftsperspektive beschäftigt ist. Der ländliche Raum verkommt dann bestenfalls zu einem Ausflugsgebiet für erholungsbedürftige Großstädter.

Das klassische Beispiel für diese Entwicklung sind die schrumpfenden ländlichen Räume des amerikanischen Südens und mittleren Westens.[23] Aber auch fast alle europäischen Länder haben ihre prototypischen abgehängten ländlichen Räume – von Extremadura im Westen bis Lublin im Osten. In Deutschland scheint dieses Problem vor allem Ostdeutschland zu betreffen. Aber auch in Westdeutschland gibt es Regionen wie die Pfalz, die Eifel, Oberfranken oder den niedersächsischen Harz, in denen die Bevölkerung schrumpft und die im Zuge der Globalisierung viele Arbeitsplätze ans Ausland verloren haben.[24]

In der bisher beschriebenen Perspektive bestimmen ökonomische Prozesse über das Schicksal von Stadt und Land, worauf kulturelle Prozesse dann folgen mögen. Hochgebildete Arbeitnehmer ziehen in die Städte, weil dort die Jobs sind, und verlassen das Land, weil die Jobs dort fehlen. Ökonomischer Erfolg lockt «Wissensarbeiter» an, ökonomische Stagnation vertreibt sie.

Dieses Argument lässt sich aber auch umdrehen. Demnach

sind es die häufig kulturell geprägten Lebensentscheidungen der Hochqualifizierten, die über Wohl und Wehe von Städten entscheiden, weil sie die Grundlage für die Ansiedelung innovativer Firmen bilden. Die Arbeitgeber folgen dann den Arbeitnehmern, nicht umgekehrt. Im Zentrum dieses vor allem mit dem amerikanischen Urbanisten Richard Florida verbundenen Arguments steht die sogenannte «kreative Klasse», die in kreativen Branchen wie Wissenschaft, Bildung, Medien, Design, IT und Kultur arbeitet. Laut Florida bestimmt diese «kreative Klasse» mit ihren Lebensentscheidungen über das Schicksal ganzer Städte, weil Firmen, die innovativ sein wollen, ihre Standortentscheidungen vor allem danach treffen müssen, wo sie gut ausgebildete und innovative Mitarbeiter finden.[25] Diese «kreative Klasse» ist nicht nur auf der Suche nach kreativen Jobs, sondern nach einem allgemein stimulierenden Umfeld, in dem sie ihr Leben «kuratieren» kann.[26] Die Stadt wird somit zur «Consumer City», die ihren Bürgern vor allem eine hohe Lebensqualität bieten muss.[27] Dann nehmen die Einwohner sogar in Kauf, dass ihre höheren Löhne von höheren Lebenshaltungskosten zu einem großen Teil wieder aufgefressen werden.

Dieses Argument würde den Erfolg der Unistädte wie Münster und Freiburg, auch Leipzigs erklären. Hier sind es nicht traditionell starke wissensintensive Firmen, die Arbeitskräfte in die Stadt gelockt haben. Stattdessen haben die von Universitäten und hoher Lebensqualität angelockten Hochqualifizierten eine Ansiedelung innovativer Firmen ausgelöst. Auch frühere Residenzstädte profitieren noch heute von ihrem kulturellen Erbe, das weiterhin Wissensarbeiter anzieht.[28]

Direkt oder indirekt stehen solche Ideen Pate, wenn Städte in sogenannte «Amenities» – urbane Annehmlichkeiten – wie Kulturangebote der Hoch- wie der Subkultur, Parks und Uferpromenaden und in die Verwandlung von Industriebrachen in Industriekultur investieren. Wenn die Berliner «Clubcommission» den Beitrag der Berliner Clubs zur Wirtschaftsleistung der Stadt preist, geht es weniger um die unmittelbar in Clubs erzielten Umsätze, sondern um den Beitrag der Clubs zum kreativen Flair der Stadt.[29] Der oben verwendete Indikator der KSK-Versicherten misst in vieler Hinsicht ebenfalls die kreative Anziehungskraft einer Stadt.

Gerade in diesem Bereich zeigen sich aber die Vorteile sehr großer Städte. Nur dort lassen sich die immensen Fixkosten von Opernhäusern, Orchestern oder erstklassigen Museen auf hinreichend viele Schultern verteilen.[30] Und nur dort besteht eine ausreichende Nachfrage nach englischsprachigen Kinos und Buchhandlungen, Ethnic Cuisine oder auf italienische Marken spezialisierten Rennradfachgeschäften. Diese Art von Agglomerationsvorteil beschränkt sich nicht auf den Klischee-Konsum von Hipstern oder Kosmopoliten. Die Chancen, ein Beyoncé-Konzert oder ein Champions-League-Spiel zu besuchen, sind in Metropolen ebenfalls sehr viel größer als in mittelgroßen Städten oder gar auf dem Land.

Ein weiterer Vorteil großer Städte sind dichtere Partnermärkte.[31] Diese werden umso wichtiger, je größer die Neigung zur Homogamie wird: Die Partnersuche ist dort am aussichtsreichsten, wo es besonders viele potentielle Partner aus derselben Schicht gibt – für Hochqualifizierte also in großen Universitätsstädten.[32] Deren Vorteile beschränken sich zudem nicht auf die Anbahnung von Partnerschaften. Für Dual-Career-Paare sind diese Städte auch deshalb attraktiver, weil es leichter ist, dort für beide Partner einen attraktiven, ihren Qualifikationen entsprechenden Arbeitsplatz zu finden.[33] Wer seine Kinder schon frühzeitig mit englischen oder chinesischen Sprachkenntnissen für den globalen Wettbewerb fit machen möchte, findet die passendsten Förderangebote ebenfalls in großen Städten.

Letztlich spielen in diesen Analysen Universitäten die Schlüsselrolle für die wachsende ökonomische und kulturelle Attraktivität von Städten. Diese haben ökonomisch einen doppelten Effekt, weil sie sowohl die Verfügbarkeit von Hochqualifizierten als auch die Anzahl von Jobs in der Wissensindustrie erhöhen. Universitäten tragen direkt zum Angebot an Wissensarbeitern bei, indem sie diese ausbilden, aber auch indirekt, indem sie den Nukleus des soziokulturellen Milieus bilden, das die «kreative Klasse» in eine Stadt lockt. Das universitäre Milieu ist die ökonomische Basis für Buchhandlungen, Cafés, Bars, Theater und Kinos, die so wesentlich zur Lebensqualität einer Stadt beitragen.

Universitäten tragen aber auch zum Angebot an Arbeitsplätzen in der Wissensökonomie bei, etwa durch die Einrichtung von Technologiezentren, die Unterstützung aus der Forschung entstehender Ausgründungen und durch Kooperationen mit forschungsstarken Unternehmen. Wenn es, wie etwa beim Kohleausstieg, darum geht, was Regierungen tun können, um kriselnden Regionen zu helfen, lautet ein Standardvorschlag daher: Universitäten gründen oder ausbauen.

Doch selbst hier zeigt sich, wie schwer es ist, der Anziehungskraft der größten Städte etwas entgegenzusetzen: So haben Universitäten in kleineren Städten zunehmend Schwierigkeiten, Spitzenforscherinnen und Spitzenforscher anzulocken, weil deren ebenfalls hochqualifizierte Partner dort oft keine adäquaten Stellen finden. In Fächern, in denen nicht im Labor, sondern am Schreibtisch geforscht wird, übernehmen die Forscherinnen möglicherweise noch einen Lehrstuhl, verlegen ihren Wohnsitz aber nicht an den neuen Arbeitsplatz. Die ICEs der Deutschen Bahn sind voll von Professorinnen und Professoren, die ihre Lehrstühle in Gießen, Würzburg oder Kiel haben, aber in Hamburg oder Köln, vor allem aber natürlich in Berlin leben.[34]

Die Universitäten mögen dann noch hochklassige Forschung und Lehre bekommen. Die Di-Mi-Do-Professoren gelten sogar als treueste Teilnehmer von Vorträgen und anderen Abendveranstaltungen, weil sie kein konkurrierendes Sozialleben am Unistandort haben. Wenn Ideen von einem kreativen sozialen Umfeld abhängen, wird ihre individuelle Forschung möglicherweise sogar innovativer, wenn sie einen Großteil ihrer Arbeitszeit in einer Wissensmetropole verbringen. Aber Kolleginnen und Studierende am Uni-Ort profitieren davon kaum. Die kreative Energie entsteht woanders.

Vor allem aber entgeht den Städten ein wichtiger Teil der Überschwapp-Effekte, die man sich von der Universität erhofft. Die Pendelprofessoren halten ihr Theater-Abo nicht an ihrem Arbeitsort, bestellen ihre Bücher bei einer Buchhandlung an ihrem Wohnort, korrigieren ihre Klausuren in den Cafés ihres Kiezes und schicken ihre Kinder auch dort aufs Gymnasium. Sie werden also kaum zum Nukleus eines akademischen Milieus, das weitere Hochqualifizierte anlocken würde.

Kulturelle Quellen des Gegensatzes

Die Theorien der Agglomerationseffekte zeichnen ein Bild der ökonomischen Landkarte, das ziemlich genau zur politischen Landkarte zu passen scheint: Trump vs. Biden, Macron vs. Le Pen, Remain vs. Leave – überall scheinen sich die Gewinner und die Verlierer ökonomischer Agglomerationseffekte gegenüberzustehen. Und während die oben zitierten grünen Wahlkreiserfolge sich wie eine Liste der deutschen Agglomerationsgewinner lesen – die sechs größten deutschen Städte, dazu Aachen, Freiburg, Heidelberg oder Münster –, entspricht eine Liste der AfD-Hochburgen den Verlierern dieser Prozesse: Duisburg und

Gelsenkirchen, die Pfalz und die Oberpfalz und natürlich große Teile Ostdeutschlands.

Diese ökonomischen Theorien machen also plausibel, warum es zu einem Konflikt zwischen Stadt und Land kommt und warum dieser gerade jetzt wieder an Schärfe gewinnt. Sie können aber kaum erklären, warum er die oben beschriebene politische Form annimmt. Warum wählen die Landbewohner nicht die Linkspartei, die sich doch am stärksten für ökonomische Umverteilung einsetzt? Und wäre die natürliche Heimat für die urbanen Gewinner der ökonomischen Transformation nicht die FDP?

Die Antwort auf diese Fragen liegt darin, dass wirtschaftlich erfolgreiche Städte heute längst mehr sind als besonders leistungsstarke Produktions- oder Innovationsstandorte. Sie sind zugleich Quellen und Repräsentanten eines bestimmten Lebensstils. Dieser Lebensstil markiert den einen Pol einer zweiten strukturellen Veränderung des politischen Systems seit den 1970er-Jahren: das Aufkommen einer kulturellen Spaltungslinie, die die ökonomische Spaltungslinie ergänzt und verdrängt.

Der ökonomische Konflikt zwischen links und rechts hatte sich nach dem Zweiten Weltkrieg als Hauptkonfliktlinie des politischen Systems durchgesetzt, weil andere Konflikte, etwa der zwischen Staat und Kirche, an Brisanz verloren hatten. Die verbliebenen nicht-materiellen Konflikte konnten deshalb als Unterschied zwischen progressiv und konservativ in das ökonomische Links-Rechts-Schema eingepasst werden. Seit den 1970er-Jahren hat sich jedoch zunehmend eine neue, häufig als kulturell bezeichnete Konfliktdimension entwickelt, die sich immer schlechter in dieses Schema integrieren ließ. Deshalb wird der politische Raum mittlerweile als mindestens zweidimensional beschrieben, mit einer ökonomischen und einer dazu tendenziell orthogonalen kulturellen Konfliktachse.[35]

Dabei gibt es zahlreiche unterschiedliche Vorschläge dafür,

wie die Pole der kulturellen Achse zu bezeichnen sind.[36] Unabhängig davon besteht weitgehende Einigkeit darüber, worum es auf dieser Konfliktachse geht: zum einen um Fragen des kulturellen Liberalismus wie die Gleichstellung von Frauen oder größere Rechte für sexuelle, ethnische oder religiöse Minderheiten, also um Themen, die oftmals unter dem Label der «Identitätspolitik» verhandelt werden; zum anderen um Fragen der Öffnung oder Schließung gegenüber der Welt, also etwa um Immigration oder europäische Integration. Auch das Umweltthema wird oft auf dieser Achse verortet.

Der entscheidende Punkt ist nun, dass die Individuen, die sich am universalistischen Pol dieser Achse einordnen, in Städten stark überrepräsentiert sind, während Menschen mit partikularistischen Einstellungen vor allem in ländlichen Regionen leben. Der politische Stadt-Land-Gegensatz ist also ganz wesentlich auch ein Gegensatz auf dieser kulturellen Achse.

Auch wenn dieser kulturelle Gegensatz politisch quer zum ökonomischen Gegensatz liegt, ist seine Entstehung doch eng mit den oben beschriebenen ökonomischen Prozessen verschränkt. Denn die von Richard Florida beschriebene «kreative Klasse» ist gesellschaftlich der wesentliche Träger universalistischer Werte. Die ihr von Florida zugeschriebenen Werte «Individualität, Meritokratie, Diversität und Offenheit»[37] beschreiben eben nicht nur den Zugang dieser Gruppe zu ihrer Arbeit, sondern auch ihren Blick auf politische Fragen.

Dass die Wissensökonomie eine Gruppe mit bestimmten kulturellen Einstellungen in die Stadt zieht, ist auch die Quintessenz des Klassenschemas des Schweizer Soziologen Daniel Oesch.[38] Oesch unterscheidet anhand verschiedener Qualifikationslevel und Arbeitslogiken insgesamt acht berufliche Klassen. Als Träger kultureller Hegemonie in den großen Städten erscheinen hier die «soziokulturellen Experten», die im Bildungssektor, in Gesundheitsberufen, den Medien oder verschiedenen Beratungstätigkeiten arbeiten. Ihre Arbeit folgt einer «interpersonellen Arbeitslogik». Damit ist gemeint, dass sie ihre Arbeit in direktem Kontakt mit ihren Schülern, Patienten oder Kunden erbringen. Dabei arbeiten sie relativ selbstbestimmt, außerhalb klassischer Hierarchien, und für den Erfolg ihrer Arbeit sind, neben ihrer akademischen Ausbildung, vor allem soziale und kommunikative Kompetenzen notwendig.

Wer so arbeitet, hat aber in der Regel dazu passende Einstellungen und politische Präferenzen. Die prototypischen soziokulturellen Experten generalisieren ihre beruflichen Erfahrungen hoher Arbeitsautonomie und direkter Interaktion auf Augenhöhe mit ihrem Gegenüber zu einem universalistischen Weltbild.[39] «Ihre Arbeit», so Oesch, «besteht hautsächlich aus sozialen Interaktionen – unterrichten, pflegen, beraten –, die zwischenmenschlich ausgehandelt werden und eine Toleranz für kulturelle Unterschiede voraussetzen. Diese kommunikativen Erfahrungen führen in den meisten Fällen zu einem libertär-universalistischen Weltbild.»[40]

Tabelle 4.1 zeigt die Konzentration dieser Milieus in den Städten. Egal ob man auf den engen Kreis der von Florida als «Bohemiens» bezeichneten Kreativen in Werbung, Design, Journalismus, Kunst und Kultur schaut, auf den weiter gefassten «Creative Core», zu dem neben den Bohemiens auch Arbeitnehmer in IT-, Forschungs- und Universitätsberufen zählen, oder auf alle Beschäftigten mit akademischem Abschluss, das Bild ist immer dasselbe:[41] In den 14 deutschen Städten mit mehr als 500 000 Einwohnern ist der Anteil von Beschäftigten mit akademischen bzw. kreativen Berufen doppelt bis dreimal so hoch wie in ländlichen Räumen. Kleinere städtische Räume liegen etwa in der Mitte zwischen beiden Gruppen.

Aufschlussreich sind aber nicht nur die Unterschiede zwischen Stadt und Land, sondern auch die sehr geringen Unterschiede zwischen den ländlichen Räumen. Ob einem ländlichen Kreis vom Thünen-Institut für Ländliche Räume eine gute oder eine weniger gute sozioökonomische Lage attestiert wird, hängt praktisch nicht damit zusammen, wie viele kreative oder akademische Arbeitsplätze es dort gibt. Das weist darauf hin, dass es zwischen diesen Regionen zwar starke Unterschiede in der aktuellen wirtschaftlichen Situation gibt, dass die ökonomische Transformation sie aber vor ähnliche Herausforderungen stellt.

Kreistyp	Akademiker[42]	«Creative Core»	«Bohemiens»
Mehr als 500 000 Einwohner	29,0%	17,0%	4,7%
Nicht ländlich, weniger als 500 000 Einwohner	21,1%	14,3%	2,8%
Eher ländlich/gute sozioökonomische Lage	12,8%	9,1%	1,7%
Eher ländlich/weniger gute sozioökonomische Lage	16,0%	11,1%	1,8%
sehr ländlich/gute sozioökonomische Lage	12,4%	10,1%	1,4%
sehr ländlich/weniger gute sozioökonomische Lage	9,8%	7,7%	1,3%

Tabelle 4.1: Sozialversicherungspflichtig Beschäftigte nach Kreistyp[43]

Während Florida und Oesch die Entstehung einer universalistisch orientierten urbanen Schicht eng mit ökonomischen Prozessen verbinden, wählt die in Deutschland wohl einflussreichste Beschreibung dieser Gruppe einen kultursoziologischen Zugang. Andreas Reckwitz identifiziert die «neue Mittelschicht» als die Trägerin des spätmodernen Lebensstils, dessen wichtigste Elemente «Authentizität, Selbstverwirklichung, kulturelle Offenheit und Diversität, Lebensqualität und Kreativität» sind.[44] Diese neue Mittelklasse zeichne sich durch eine «Selbstkulturalisierung des Lebensstils» aus.[45] Sie «kuratiere» ihr Leben, das heißt, sie sei bemüht, durch Neuzusammenstellungen bereits vorhandener Elemente ein einzigartiges, eben singuläres Leben zu gestalten.

Obwohl Reckwitz aus einer kultursoziologischen Perspektive argumentiert, identifiziert er ganz ähnliche soziale Gruppen als wichtigste Mitglieder der «neuen Mittelklasse» wie andere, stärker ökonomisch argumentierende Ansätze: das «kreative Milieu», das in Branchen wie «Computer & Internet, Medien, Kunst, Design, Marketing etc.» arbeitet.[46] Und wie die anderen Ansätze betont Reckwitz die Bedeutung großer Städte für die Entwicklung des Lebensstils der «neuen Mittelklasse»: Wer sein Leben kuratieren will, ist darauf angewiesen, aus einer möglichst großen Anzahl von Angeboten schöpfen zu können. Das gilt insbesondere für drei von Reckwitz identifizierte «Bausteine des singularistischen Lebensstils»: Essen, Wohnen, Schule.[47]

Man muss Reckwitz nicht in allem folgen, und seine These einer Drei-Drittel-Gesellschaft, in der die «neue Mittelklasse» hegemonial sei, ist empirisch kritisiert worden.[48] Dennoch handelt es sich um eine ebenso anschauliche wie theoretisch anspruchsvolle Beschreibung des in vielen großen Städten prägenden Milieus, die eine strukturelle ökonomische Analyse um wichtige Aspekte erweitert.

Verschiedene Elemente des kosmopolitischen Lebensstils, der Großstädtern in diesen Beschreibungen unterstellt wird, lassen sich auch mithilfe von Umfragedaten nachweisen.[49] So gaben 2016 gerade einmal 12% der Deutschen, die in Orten mit weniger als 5000 Einwohnern lebten, an, schon einmal für mindestens drei Monate im Ausland gelebt zu haben. In Städten mit mehr als 500 000 Einwohnern lag der Anteil mit 32% fast dreimal so hoch. Ganz ähnlich verhält es sich beim Lebensstil: Die Frage «Sehen Sie – zumindest gelegentlich – Fernsehsendungen oder Filme in einer Fremdsprache ohne Untertitel?» bejahten 44% der Befragten in Städten mit mehr als 500 000 Einwohnern, aber nur 20% der Befragten in Orten mit weniger als 5000 Einwohnern.

Das hat natürlich mit der unterschiedlichen Zusammensetzung der Bevölkerung an diesen Orten zu tun: Menschen in Städten sind jünger und gebildeter und haben häufiger einen Migrationshintergrund. Wie Abbildung 4.1 zeigt, besteht aber auch dann ein signifikanter Unterschied zwischen Stadt und Land, wenn man den Einfluss dieser Faktoren abzieht: Auch Großstädter mit Uni-Abschluss haben häufiger im Ausland gelebt als ihre früheren Kommilitonen auf dem Land. Dasselbe gilt für den Konsum fremdsprachiger Filme.[50] Das verweist auf die Bedeutung von Netzwerken und städtischer Infrastruktur: Wer den neuesten Tarantino als OV sehen will, braucht dafür erstmal ein Kino, das Filme auf Englisch zeigt.

Die Wissensökonomie sorgt also nicht nur für ein wachsendes wirtschaftliches Gefälle zwischen Stadt und Land. Sie trägt auch dazu bei, dass große Städte politisch und kulturell von einer Klasse mit dezidiert universalistischen Überzeugungen dominiert werden. Gleichzeitig werden andere Milieus aus den großen Städten verdrängt. Mit der Transformation von alten Industriestädten in Knowledge-Hubs verschwindet zunehmend die traditionelle Arbeiterklasse aus den Städten, die diese lange geprägt hatte. Dadurch verschwinden bestimmte Milieus aus der Alltagswahrnehmung der Großstädter. Wie der Historiker Lutz Raphael schreibt, handelt es sich dabei um einen Doppelprozess, bestehend aus dem «Auszug der Großindustrien aus den städtischen Zentren als auch [der] Verlagerung neuer Industrien in kleinstädtisch-ländlich geprägte Räume».[51]

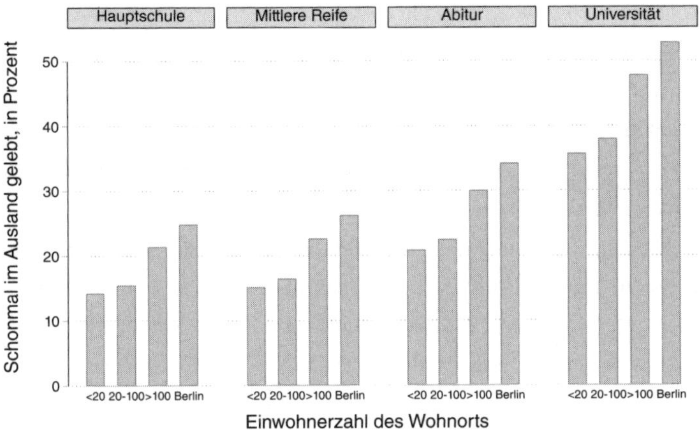

Abbildung 4.1: Vorhergesagte Wahrscheinlichkeit, schon einmal im Ausland gelebt zu haben, 30–44 Jährige

Politisch ist die akademisch gebildete urbane Mittelschicht zur wichtigsten Wählergruppe linker Parteien geworden.[52] Das weckt häufig die Hoffnung, die kulturelle Konfliktstellung zwischen Stadt und Land ließe sich durch eine stärkere Betonung geteilter ökonomischer Werte abmildern. Diese Hoffnung findet sich insbesondere in den linken Parteien selbst: Wenn man mehr über Ökonomie und weniger über Identitätspolitik spreche, dann könne man die verlorenen alten und die gewonnenen neuen Wählerschichten wieder zusammenführen.

Angesichts dessen, dass der kulturelle Konflikt strukturelle Ursachen in der Transformation der Wirtschaft hat, scheint diese Hoffnung aber wenig realistisch. Zwar wählen urbane Akademiker mit großer Mehrheit linke Parteien und unterstützen einen starken Staat. Die soziokulturellen Experten sind schließlich keinesfalls alle ökonomisch abgesicherte Gutverdiener, sondern haben oft befristete Stellen, Projektverträge oder sind als Freelancer beschäftigt. Trotzdem unterscheidet sich das, was diese

Gruppen vom Staat erwarten, von den Anliegen der klassischen «working class».[53] Das betrifft weniger die allgemeine Zustimmung oder Ablehnung staatlicher Interventionen, sondern vor allem die relativen Prioritäten.[54]

Die urbane Mittelschicht priorisiert, grob gesprochen, vor allem «soziale Investitionen» in das Humankapital der Bevölkerung, also Ausgaben für Aus- und Weiterbildung oder Kinderbetreuung. Ihr Ideal ist die Chancengleichheit, nicht umsonst identifiziert Richard Florida «Meritocracy» als einen der wesentlichen Werte der «kreativen Klasse».[55] Dagegen priorisieren die Anhänger der «alten Linken» klassische Umverteilungspolitik wie höhere Renten oder allgemein größere Sozialleistungen. Ihr Ideal entspricht viel stärker der Ergebnisgleichheit.[56] Der kulturelle und der ökonomische Gegensatz sind also auch bei den Einstellungen eng miteinander verknüpft: Die Priorisierung investiver Ausgaben hängt systematisch mit universalistischen Einstellungen auf der kulturellen Achse zusammen.[57]

Urbane Akademiker sind also keineswegs ökonomisch liberal in dem Sinne, dass sie sich für eine kleinere Rolle des Staates aussprechen würden. Wie der Berliner Volksentscheid zur Enteignung großer Wohnungsunternehmen zeigt, sind sie teilweise sogar zu sehr radikalen Eingriffen in den Markt bereit. Das bedeutet aber weniger, dass sie am Ideal der Leistungsgerechtigkeit zweifeln, sondern vielmehr, dass sie der Fähigkeit des Marktes, für Leistungsgerechtigkeit zu sorgen, misstrauen.

Ausgerechnet das Thema Mieten eignet sich zudem nur sehr eingeschränkt, um eine Koalition zwischen Städtern und Landbewohnern zu schmieden: Während sich in den Großstädten seit Jahren der Kampf um bezahlbaren Wohnraum verschärft und die Politik zu immer schärferen Maßnahmen greift, um einen weiteren Anstieg der Mieten zu verhindern, herrschen in von Bevölkerungsrückgang betroffenen Regionen ein Überangebot und ein entsprechender Leerstand. Hinzu kommt, dass Städter in der Mehrheit Mieter sind (der Extremfall ist Berlin, wo 83% der Bevölkerung zur Miete wohnen[58]), während in ländlichen Regionen die Mehrheit der Bevölkerung Eigentum besitzt.

Diese strukturellen Unterschiede wirken sich auch auf die politische Wahrnehmung des Themas aus. Das Politbarometer fragt seine Teilnehmer regelmäßig nach den beiden aus ihrer Sicht drängendsten politischen Problemen. Dabei spielte das Thema «Mieten und Wohnen» bis 2012 keine große Rolle. Seitdem ist es überall in Deutschland deutlich wichtiger geworden. Dabei sind die regionalen Unterschiede jedoch gewaltig: So sahen 2019 in Berlin mehr als 15% der Bevölkerung das Thema als eines der beiden drängendsten Probleme. In Städten mit mehr als einer halben Million Einwohnern waren es immerhin noch gut 10% der Bevölkerung. In Gemeinden mit weniger als 100 000 Einwohnern hielten dagegen gerade einmal 5% der Bevölkerung Mieten und Wohnen für ein drängendes Problem.

Berücksichtigt man solche Unterschiede in der wirtschaftspolitischen Prioritätensetzung, dann erfasst die Gegenüberstellung von Stadt und Land tatsächlich beide wesentlichen politischen Spaltungslinien der Gegenwart. Darin liegt ein wichtiger Teil der Antwort auf die Frage, warum der Stadt-Land-Konflikt gerade jetzt so heftig auf die politische Bühne zurückkehrt. Strukturelle ökonomische und kulturelle Prozesse haben dazu geführt, dass die Interessengegensätze zwischen Menschen mit städtischen und ländlichen Biografien wieder zugenommen haben. In der Industriegesellschaft der Nachkriegsjahrzehnte waren diese Interessengegensätze gering, weil sich Stadt und Land strukturell sehr ähnlich entwickelten. Heute nehmen sie wieder zu, weil sich die strukturellen Entwicklungen sowohl ökonomisch als auch kulturell wieder stärker unterscheiden und weil beides eng miteinander verschränkt ist.[59]

5 Mobilisierungspotentiale: Wir und die Anderen

Im Stadt-Land-Gegensatz bündeln sich also grundlegende ökonomische und kulturelle Wandlungsprozesse, die in allen westlichen Gesellschaften stattfinden. Zudem sind beide Prozesse systematisch miteinander verknüpft: Die Wirtschaftssektoren, die in den Städten florieren, beschäftigen vor allem Personen mit universalistischen Einstellungen, die wiederum staatliche Investitionen in Bildung und Innovationen priorisieren.

Das erklärt auch, warum die Stadt-Land-Unterscheidung eine so attraktive Linse ist, um den Aufstieg des Rechtspopulismus zu betrachten. Versuche, diesen Aufstieg zu erklären, erschöpfen sich oft in einer sterilen Debatte darüber, ob er primär ökonomische oder kulturelle Ursachen hat. Der Charme der Stadt-Land-Perspektive liegt darin, dass sie die Verbindung beider Dimensionen erlaubt: Die prototypischen «abgehängten Regionen» erleben nicht nur einen ökonomischen, sondern auch einen kulturellen Statusverlust, weil ihr Lebensstil nicht mehr als zeitgemäß gilt. Umgekehrt sind die prototypischen Grünenwähler der urbanen Mittelschicht eben sowohl ökonomisch als auch kulturell Gewinner gesellschaftlicher Modernisierungsprozesse.

Dass die Stadt-Land-Unterscheidung wichtige soziostrukturelle Prozesse statistisch zu beschreiben hilft, erklärt aber noch nicht ihr politisches Potential. Strukturelle Interessenlagen müssen politisch erst aktiviert werden. Das setzt in der Regel voraus, dass diese Interessenlagen in persönlich relevante Identitäten übersetzt werden.[1] Um als «Klasse» zum politischen Subjekt zu werden, musste die Arbeiterschaft ein «Klassenbewusstsein» entwickeln, von der «Klasse an sich» zur «Klasse für sich» werden. Solche Identitäten bieten eine «Linse» an, durch die ganz verschiedene konkrete politische Fragen betrachtet und interpretiert werden können.[2]

Gegensätze, die zu einer prägenden Konfliktlinie des politischen Systems werden, prägen also nicht nur die materiellen Interessen und das Wahlverhalten von Individuen, sondern den politischen Diskurs als Ganzes. Sie werden zu einem Deutungsangebot, mit dem politische Akteure an die Identitäten und ideologischen Überzeugungen von Wählerinnen und Wählern appellieren, verschiedene Interessengegensätze bündeln und symbolisch zuspitzen.

Stadt und Land als Identitätsquellen

Der eigentliche Wert der Stadt-Land-Unterscheidung liegt deshalb darin, dass sie eine intuitive und sehr einflussreiche Grundlage für die Identifikation eines «Wir» und der «Anderen» bietet. Sie ermöglicht, eine Vielzahl individueller Erfahrungen zu einer gemeinsamen Erfahrung zusammenzuführen. Wie schon angedeutet, bilden Menschen ihre Vorstellungen davon, was wichtige politische Probleme sind und wie diese gelöst werden sollten, häufig soziotropisch, also am Interesse einer Gruppe orientiert. Die eigene Region ist eine der wichtigsten Quellen solcher Gruppenorientierungen.

Viel spricht dafür, dass diese Basis für die Markierung eines «Wir» sogar in dem Maße an Bedeutung gewinnt, in dem andere solche Zuordnungen – etwa durch die Globalisierung – an Relevanz verlieren.[3] Im Zuge des «Wiederauflebens regionaler Identitäten»[4] wird zunehmend wieder die eigene Stadt, das eigene

Dorf, die eigene Region zu einer wichtigen Quelle eines Zugehörigkeitsgefühls und eines Bildes von der eigenen Rolle in der Gesellschaft.

Gerade in Deutschland mit seiner starken föderalen Tradition bieten regionale Zugehörigkeiten ein besonders großes Potential für die Markierung eines «Wir». Dabei kann es um ganze Bundesländer gehen (besonders ausgeprägt in Sachsen), aber auch um kleinere Regionen mit starker Lokalidentität (Franken, das Ruhrgebiet), bis hin zu einzelnen Städten mit hohem Identifikationspotential (Köln). Für viele Menschen ist die Region, in der sie leben oder aufgewachsen sind, ein wichtiger Teil ihrer Identität.

Vor diesem Hintergrund hat die deutsche Politik in den letzten Jahren verschiedene hektische Versuche unternommen, das Thema Heimat zu bewirtschaften und damit zugleich als Mobilisierungsinstrument für Populisten zu neutralisieren. Bereits 2013 wurde das bayerische Finanzministerium zum «Staatsministerium der Finanzen, für Landesentwicklung und Heimat» aufgewertet. Auf Bundesebene erhielt das Bundesinnenministerium 2018 den Zuschlag, nun auch für «Heimat» zuständig zu sein. Der neue Heimatminister setzte dann auch gleich eine «Kommission gleichwertige Lebensverhältnisse» ein und forderte im Februar 2019 zusammen mit der Landwirtschaftsministerin, die «Entwicklung ländlicher Räume» als Gemeinschaftsaufgabe in der Verfassung zu verankern.[5] Aber nicht nur die Bundesregierung bemühte sich um dieses Thema. Auch für die Grünen sollte der Weg zu neuen Wählermilieus über die Brücke des Heimatbegriffs führen, den man «nicht der AfD überlassen» dürfe.[6]

Wie viel Kraft in lokalen Zugehörigkeitsgefühlen stecken kann, zeigt der Fußball. Das wohl berühmteste Beispiel, wie er dazu beitragen kann, die «imaginierte Gemeinschaft» einer

Stadt oder Region fassbar zu machen, ist die Rolle des FC Barcelona bei der Konstruktion einer katalanischen Identität.[7] Auch in Deutschland treten Fußballvereine häufig als Botschafter ihrer Region auf. Dabei wird allerdings von ihnen erwartet, dass sie nicht einfach den Namen einer Stadt in die Welt tragen, sondern ganz konkrete Elemente der städtischen Identität repräsentieren. So verzichtete kaum eine der zahlreichen Reportagen über den Abstieg von Schalke 04 darauf, die Entfremdung zwischen Spielern und Fans zu beschreiben, die damit zu tun habe, dass die Fussballer nicht mehr das Ethos der «Maloche» repräsentierten.[8]

Der Schalker Abstieg zeigt zugleich, dass solche Symbole nicht nur eine Quelle von Identität sind, sondern auch signalisieren, wie viel Status sich aus diesen Identitäten ziehen lässt. Der Abstieg des Vereins symbolisiert dann auch den Abstieg der Stadt. In dieser Hinsicht ist der Fußball ein Abbild des Aufstiegs der großen Metropolen und des parallelen Niedergangs mittelgroßer Industriestädte. Über Jahrzehnte hinweg gaben in vielen europäischen Ligen Teams aus klassischen Industriestädten den Ton an. Mit dem Abstieg hat Schalke sich hier in die Riege von ehemaligen Spitzenvereinen wie dem FC Everton oder Leeds United, Stade Reims und der AS St. Etienne oder dem 1. FC Kaiserslautern eingereiht, die mittlerweile im Mittelmaß oder noch tiefer versunken sind. Stattdessen standen in den letzten drei Champions-League-Endspielen Teams aus den Weltstädten London bzw. Paris, deren Fußballteams lange bloß gehobenes Mittelmaß repräsentiert hatten. Noch deutlicher sieht man diese Entwicklung in Ostdeutschland: Statt Carl Zeiss Jena oder dem 1. FC Magdeburg hält heute der Plastikclub RB Leipzig die Fahne des Ostfußballs im Europapokal hoch – ein Club, der nur deshalb in Leipzig spielt, weil die Marketingabteilung des Red-Bull-Konzerns dort das größte Potential für eine Neuansiedelung sah.

Nun sollte man die Beziehung von Verein und lokaler Identität nicht romantisieren. Sogar im völlig durchkommerzialisierten US-Sport appellieren Teams wie die «Dallas Cowboys» oder die «Pittsburgh Steelers» ganz explizit an bestimmte Vorstellungen lokaler Identität. Trotzdem zeigt der Erfolg dieses Marketings, wie stark die Nachfrage nach Symbolen lokaler Identifikation ist. Folgerichtig haben nicht nur Fußballvereine das Potential der Bewirtschaftung eines regionalen Wir-Gefühls erkannt. Auch Konsumgüterhersteller arbeiten immer häufiger mit regionalisierten Kampagnen, die sich mit flotten Sprüchen an die Bewohner der jeweiligen Städte herankumpeln. Die Bewerbung von Nahrungsmitteln «aus der Region» scheint häufig nicht bloß an das Umweltbewusstsein der Konsumenten zu appellieren, sondern auch an ihren Lokalpatriotismus. Umgekehrt erwecken zahlreiche Stadtmarketingkampagnen den Eindruck, ihr Ziel sei mindestens ebenso sehr, die Einwohner der Stadt ihrer gemeinsamen Identität zu versichern, wie mögliche Touristen anzulocken.

Dies sind nur einige Beispiele für populäre Markierungen lokaler Zugehörigkeit. Wo Fußball keine Rolle spielt, können Dialekt[9], Nahrungsmittel, ikonische Gebäude, Landschaften, Volksfeste, Musik und viele andere Identitätsmarker diese Rolle übernehmen. Entscheidend ist: Hier wird ein «Wir» markiert, das ein starkes Zugehörigkeitsgefühl erzeugt und dabei hilft, sich in einer unübersichtlichen Welt zu orientieren.

Umfragedaten belegen die enorme Kraft lokaler Zugehörigkeit. So gaben in einer repräsentativen Umfrage mit fast 20000 Befragten immerhin 26% der Deutschen an, sich stärker mit ihrer Region zu identifizieren als mit Deutschland insgesamt. Umgekehrt identifizierten sich nur 22% stärker mit Deutschland als mit der Region, in der sie leben.[10] Wie kaum anders zu erwarten, ist die regionale Identifikation in Bayern, Sachsen und Thüringen besonders stark. Im Regierungsbezirk Niederbayern identifizieren sich 41% der Befragten stärker mit ihrer Region als mit Deutschland als Ganzem.

Bis hierhin habe ich regionale, lokale und urbane oder ländliche Identität beinahe als Synonyme verwendet. Sie sind aber natürlich nicht dasselbe: Eine sächsische Identität kann ja von Großstädtern und Dorfbewohnern geteilt werden. Vor allem aber bedeutet das Gefühl einer lokalen Identität noch keineswegs, dass sich die Bewohner einer bestimmten Stadt mit «den Städten», die Bewohner eines bestimmten Dorfs mit «den Dörfern» identifizieren. Zwar mögen verschiedene Städte oder verschiedene Dörfer abstrakt dieselben Interessen haben (mehr bezahlbaren Wohnraum, bessere Nahverkehrsanbindungen), aber die Stärke der Identitäten liegt ja gerade darin, dass sie konkret und ortsbezogen statt abstrakt und verallgemeinerbar sind.

Politisch müssen diese einzelnen ortsbezogenen Identitäten also erst einmal in ein gemeinsames Gruppengefühl übersetzt werden. Die Frage «Was haben die denn nun alle gemeinsam?» muss deshalb nicht nur inhaltlich, sondern auch symbolisch beantwortet werden. Insbesondere bei urbanen Interessen dürfte die politische Mobilisierung eines Wir-Gefühls nicht einfach sein, weil das Verhältnis benachbarter Großstädte ja häufig von inniger Rivalität geprägt ist. Aber auch auf der anderen Seite dieses Konflikts ist nicht unmittelbar klar, was Dörfer im bayerischen Wald und in der mecklenburgischen Seenplatte nun gemeinsam haben.

Studien über die USA zeigen aber, dass «ländliche» und «städtische» Identitäten existieren, die über konkrete lokale Identitäten hinausgehen.[11] So denken Städter in der Regel, dass andere Städter ähnliche Werthaltungen haben wie sie selbst, während sie Landbewohnern andere Werte zuschreiben.[12] Bei Landbewohnern ist es genau umgekehrt. Auch die Verteilung öffentlicher Mittel wird häufig durch die Brille von Stadt und Land bewertet. Nicht zuletzt reagieren Wähler positiv darauf, wenn ihnen politische Kandidaten vorgestellt werden, die an städtische oder ländliche Identitäten der Wähler appellieren.[13]

Auch in Deutschland können solche Kampagnen funktionieren. Allerdings überzeugen sie vor allem Wähler auf dem Land. Landbewohner bewerten einen fiktiven Bundestagskandidaten positiver, wenn dieser verspricht, sich für die ökonomischen oder kulturellen Belange ländlicher Regionen einzusetzen. Städter dagegen lässt es bestenfalls kalt, wenn ein Kandidat sich als Anwalt der Städte präsentiert.[14]

Um die Stärke und die politische Bedeutung städtischer und ländlicher Identitäten in Deutschland genauer zu vermessen, habe ich im November 2020 mit einem Team an der Universität Zürich eine Umfrage unter 2000 Deutschen zu verschiedenen sozialen Identitäten durchgeführt. Konkret lautete unsere Frage:

«Wie nahe fühlen Sie sich den folgenden Gruppen? Mit ‹sich nahe fühlen› meinen wir, wer ist am meisten so wie Sie in Ihren Einstellungen, Lebensumständen und Gefühlen?»[15]

Dabei baten wir die Umfrageteilnehmer unter anderem, ihre Nähe zu «Städterinnen und Städtern» und zu «Leuten auf dem Land» auf einer Skala von 1 («Gar nicht nahe») bis 10 («Sehr nahe») anzugeben. Die Ergebnisse zeigen, dass das Wohnumfeld (wiederum auf PLZ-Ebene gemessen) stark mit der Nähe zu den jeweiligen Gruppen korreliert, auch wenn man den Einfluss anderer Faktoren wie Alter, Geschlecht, Bildung, Einkommen, beruflicher Klasse und Migrationshintergrund berücksichtigt:[16] Menschen in besonders urbanen Stadtvierteln identifizieren sich auf der 10er-Skala um etwa drei Punkte mehr mit Städtern als mit Menschen auf dem Land. Bei Menschen in besonders ländlichen Regionen ist es gerade umgekehrt (Abbildung 5.1).

Diese Differenz zwischen der Identifikation mit Stadt und

Land, gewissermaßen die «Präferenz für Städter», ermöglicht wiederum, das Wahlverhalten der Befragten vorherzusagen. Auch nach Abzug des Einflusses der gerade genannten Faktoren zeigt sich dabei ein statistisch signifikanter Zusammenhang zwischen der geografischen Identität und der Wahlabsicht für AfD und Grüne, die Pol-Parteien des Stadt-Land-Gegensatzes. Bei der Sonntagsfrage gaben etwa 12% der Befragten mit einer starken ländlichen Identität an, die Grünen wählen zu wollen, während etwa 14% zur AfD tendierten. Bei Befragten mit einer starken städtischen Identität verdoppelte sich die Wahrscheinlichkeit, die Grünen zu wählen, dagegen auf bis zu 24%, während sich die Wahlchancen der AfD hier auf 8% nahezu halbierten (Abbildung 5.2).

Städtische und ländliche Identitäten sind also keine bloße Folklore, sondern auch politisch relevant. Das bestätigt den Befund anderer empirischer Studien. So zeigen die Politikwissenschaftler Sven Hegewald und Dominik Schraff, dass die Charaktereigenschaften, die sich Stadt- und Landbewohner gegenseitig zuschreiben, ebenfalls mit der Unterstützung für die Grünen bzw. die AfD zusammenhängen.[17] Analysen von Wahlkreisergebnissen wiederum zeigen, dass deutsche Wähler Kandidatinnen oder Kandidaten bevorzugen, die in ihrer eigenen oder einer benachbarten Gemeinde wohnen, und zwar sogar dann, wenn diese keine realistische Chance haben, das Direktmandat zu gewinnen.[18] Das deutet darauf hin, dass hinter dieser Präferenz für lokale Kandidaten keine instrumentellen, sondern tatsächlich identitätsbezogene Motive stehen.

Die Bedeutung dieser identitätsbasierten Konflikte dürfte in Zukunft eher noch zunehmen, sofern in der Phase der politischen Sozialisation erworbene Vorstellungen, welche politischen Konflikte prägend sind, relativ stabil bleiben. Denn die Polarisierung der Identitäten zwischen Stadt- und Landbewoh-

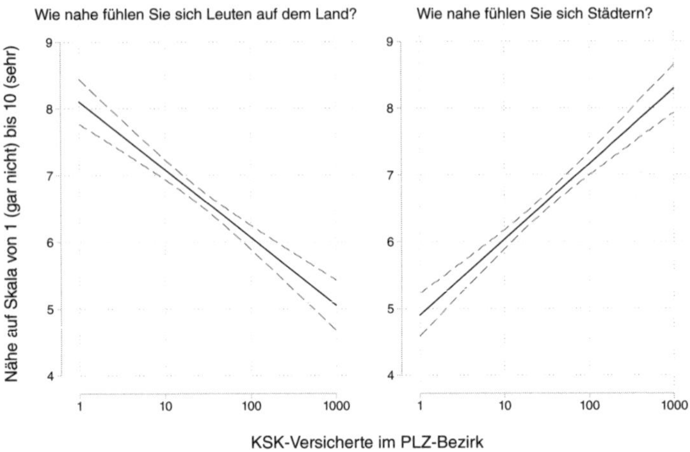

Abbildung 5.1: Wohnort und Identifikation mit Stadt und Land

nern ist unter jungen Menschen sehr viel stärker ausgeprägt als unter Älteren. Zwar haben auch ältere Städter bzw. Landbewohner eine Präferenz für ihresgleichen. Bei jüngeren Umfrageteilnehmern ist diese geografische Wir-Identität aber sehr viel stärker entwickelt. Zudem nehmen jüngere Menschen auch größere Unterschiede zur anderen Gruppe wahr. Insgesamt finden 58% unserer Befragten, dass sich Städter und Landbewohner mit Blick auf ihre Werte «eher stark» oder «stark» unterscheiden. Bei den unter 30-Jährigen kommen aber mehr als 70% zu diesem Urteil. Der eigene Wohnort beeinflusst die Wahrnehmung dagegen kaum (Abbildung 5.3).

Dass junge Wählerinnen und Wähler besonders starke geografische Identitäten haben und einen besonders scharfen Gegensatz zur anderen Gruppe wahrnehmen, hilft zu verstehen, warum die AfD bei jungen Wählern oft überraschend gut abschneidet. So war die AfD bei der Landtagswahl im sehr ländlichen Sachsen-Anhalt im Juni 2021 die stärkste Partei bei den

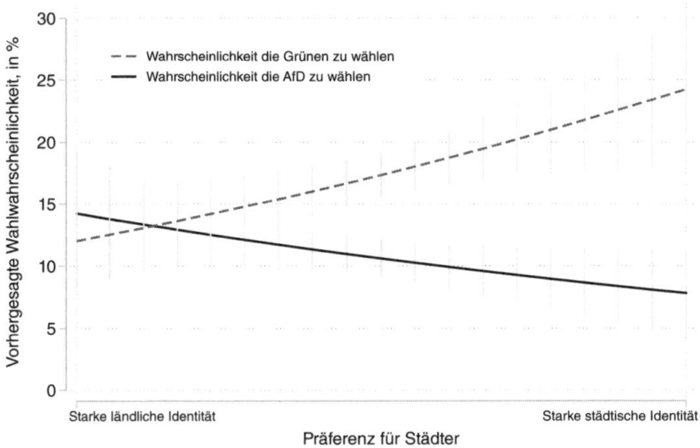

Abbildung 5.2: Identifikation mit Stadt und Land und Wahlabsicht

Jungwählern, während sie bei älteren Gruppen deutlich hinter der CDU lag. Vor allem bei jungen Leuten ist die AfD auf dem Land sehr viel beliebter als in der Stadt. Umgekehrt ist die Stärke der Grünen bei Jungwählern vor allem eine Stärke bei jungen Städtern.

Appelle an Stadt und (vor allem) Land erlauben also zunehmend die politische Mobilisierung eines «Wir». Das spricht dafür, die Unterschiede zwischen Städtern und Landbewohnern tatsächlich als Stadt-Land-Gegensatz zu analysieren. Zwar teilen die Bewohner von Stadt und Land noch eine Reihe weiterer Gruppenzugehörigkeiten. So besteht die urbane Mittelschicht zu großen Teilen aus Akademikern. Allerdings haben wir bereits gesehen, dass es auch innerhalb der einzelnen Bildungsgruppen erhebliche Unterschiede zwischen Menschen in der Stadt und auf dem Land gibt. Welchen Lebensstil man pflegt, ist eben immer auch eine Frage der Gelegenheiten – und die sind in der Stadt sehr viel diverser. Auch ökonomisch hat Bildung in Stadt

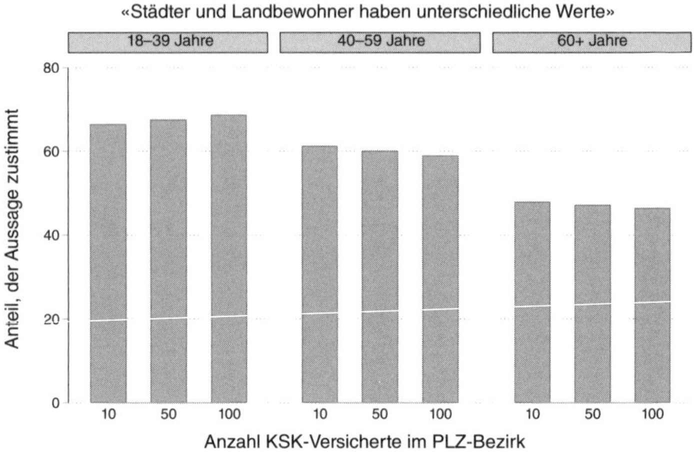

Abbildung 5.3: Alter und Wahrnehmung von Stadt-Land-Unterschieden

und Land nicht dieselben Effekte, denn Hochgebildete profitieren stärker von Agglomerationseffekten.[19]

Angehörige derselben Bildungsschicht müssten zudem politisch als Gruppe mobilisiert werden. Es gibt tatsächlich eine gewisse Evidenz dafür, dass Menschen ihren Bildungsstatus als wichtige Gruppenidentität wahrnehmen.[20] Das leuchtet gerade für Hochqualifizierte ein, die ja nicht nur bestimmte strukturelle Interessen, sondern z. B. auch die prägende biografische Erfahrung des Studiums teilen. Für die Niedriggebildeten dürfte es oftmals naheliegender sein, sich gemeinsam als «bodenständig», «hart arbeitend» und eben nicht zuletzt als «heimatverbunden» zu definieren.[21] Insofern ist es die große Stärke des Stadt-Land-Gegensatzes, dass er potentiell auf beiden Seiten des Gegensatzes eine positive Identitätskonstruktion ermöglicht. Besonders zugkräftig ist diese Konstruktion aber in den Regionen, in denen andere Identitätsquellen wie ein bestimmtes industrielles oder handwerkliches Arbeitsethos an Plausibilität verloren haben.[22]

Eine Markierung der Anderen

Appelle an Stadt und Land sind also ein wirkungsvolles Instrument, um ein «Wir» zu konstruieren. Solche Wir-Kategorien entfalten aber erst dann ihre volle politische Wirksamkeit, wenn die Menschen auch einen Konflikt mit anderen Gruppen wahrnehmen. Das Gegenstück zur politischen Markierung des «Wir» ist deshalb die Markierung der «Anderen».

Zu diesem Zweck wird der Gegensatz zwischen Stadt und Land vor allem von rechtskonservativer und rechtspopulistischer Seite verwendet. Während die Grünen (ähnlich wie auch die US-Demokraten) versuchen, jeglichen Konflikt zwischen Stadt und Land rhetorisch herunterzuspielen, nutzen Parteien rechts der Mitte ihn ganz gezielt zur Mobilisierung. Kein anderer Aspekt von Stadt-Land-Gegensätzen ist tatsächlich so eng mit dem Rechtspopulismus verknüpft.

(Rechts-)Populisten zeichnen sich nach der einflussreichen Definition von Cas Mudde dadurch aus, dass sie mit einer ganz bestimmten Wir/Die-Unterscheidung operieren, nämlich der Gegenüberstellung von «Volk» und «Elite». Demnach vertreten die Rechtspopulisten als Einzige das «wahre Volk», das von einer «abgehobenen Elite» bestenfalls ignoriert, schlimmstenfalls betrogen wird.[23] Noch mehr als «Stadt» und «Land» sind «Volk» und «Elite» allerdings hochgradig abstrakte, nicht recht fassbare Kategorien, die zuerst einmal fassbar gemacht und plausibilisiert werden müssen.[24] Deshalb müssen Populisten «das wahre Volk» erst aus der Gesamtheit der Bürger «herauspräparieren», so Jan-Werner Müller.[25] Aus der Art und Weise, wie sie das tun, lässt sich viel über die politische Konstruktion von «Stadt» und «Land» lernen.

Zu den luzidesten Analysen populistischer Wir-Konstruktion

zählt ein Aufsatz des Soziologen Linus Westheuser, der herausarbeitet, wie Populisten Analogien zwischen bestimmten kulturellen Feldern und dem politischen Feld herzustellen versuchen.[26] Populisten, so Westheuser, verwenden häufig Symbole, die es ihnen erlauben, eigentlich diverse Gruppen auf einen einfachen Nenner zu bringen. Dabei untersucht er insbesondere Metaphern aus der Alltagskultur, die strukturelle politische Konfliktlinien symbolisch fassbar machen sollen: Das wahre Volk trinkt Bier, die Eliten trinken Prosecco.

Entscheidend ist nun, dass die «intuitiven Assoziationen» zwischen solchen Symbolen, bestimmten sozialen Gruppen und konkreten politischen Positionen keineswegs zufällig oder willkürlich sind.[27] Auch die raffiniertesten populistischen Demagogen können nicht nach Belieben Symbole erfinden, um damit das Volk oder die Elite fassbar zu machen. Stattdessen müssen diese Symbole eine plausible Interpretation realer gesellschaftlicher Strukturen anbieten. Die metaphorische Sprache muss eine echte Realität wiedererkennbar machen.

Westheuser selbst wendet diese Logik auf die sozialen Klassen an, die in den alltagskulturellen Symbolen versinnbildlicht werden. Prinzipiell lässt sie sich aber natürlich auch auf andere soziostrukturelle Abgrenzungen anwenden, insbesondere auf die zwischen Stadt und Land. Vor allem aber kann sie nicht nur der positiven Konstruktion des «Volkes», sondern auch der negativen Konstruktion der «Elite» dienen.[28] Denn auch die Elite muss ja symbolisch repräsentiert werden, jemand muss die Rolle des Schurken spielen. So ist die Warnung des ehemaligen polnischen Außenministers Witold Waszczykowski vor «einer Welt aus Radfahrern und Vegetariern» nichts anderes als der Versuch, die verhasste Elite symbolisch über ihre Alltagskultur zu fassen.

Ein besonders populärer Schurke in rechtspopulistischen Narrativen ist die große Stadt. Metropolen verkörpern demnach all das, was in der Gesellschaft falsch läuft. Wenn ausgerechnet Donald Trump sich 2016 im innerparteilichen Vorwahlkampf vorwerfen lassen musste, er habe «New York Values», dann ist New York hier eine Chiffre für ganz unterschiedliche Gruppen: für Vegetarier und Fahrradfahrer, für Einwanderer, Waffengegner, Abtreibungsbefürworter und vieles andere mehr – für all die Dinge also, mit denen das «wahre» Amerika außerhalb der Metropole nichts zu tun haben möchte.

Auch in Deutschland wissen Politiker um das Potential dieser Erzählung. Als die FAZ Alexander Gauland 2018 Platz gab, zu erklären, wofür es den Populismus brauche, nutzte dieser die Gelegenheit, die «urbane Elite» anzugreifen, deren Mitglieder – «wenn sie zum Jobwechsel von Berlin nach London oder Singapur ziehen» – «überall ähnliche Appartements, Häuser, Restaurants, Geschäfte und Privatschulen» vorfinden würden.[29] Gauland griff damit exakt die drei Themen auf, die Andreas Reckwitz als wichtige urbane «Bausteine des singularistischen Lebensstils» identifiziert: Essen, Wohnen, Schule.[30] Indem sie implizit viel mehr als nur den Unterschied zwischen Stadt und Land aufruft, ermöglicht Metropolenkritik also eine unverhüllte Attacke auf ganz verschiedene Elemente der Moderne.

Statt der Wir-Definition die Definition der «Anderen» in den Mittelpunkt zu stellen, wird umso attraktiver, je heterogener die eigene Anhängerschaft ist: Wenn wir schon nicht wissen, wer wir sind, wissen wir wenigstens, wer wir nicht sind. Die abgehängte Unterschicht und die vom Abstieg bedrohte Mittelschicht könnten schließlich auch politische Konkurrenten sein, die jedoch durch die Betonung ihrer gemeinsamen Abgrenzung zur Oberschicht vereint werden können.

Genau in diesem Mechanismus liegt der Kern rechter Metropolenkritik: eigentlich disparate Gruppen durch einen Appell an ihre geteilte Abneigung gegenüber einem gemeinsamen Gegner zusammenzuführen und politisch zu mobilisieren. Metropolenkritik ermöglicht eine besonders effektive Konstruktion der «Anderen», weil die symbolische Verwendung von Stadt und Land relativ leicht an objektive soziostrukturelle Differenzen anschließen kann: an die oben beschriebenen ökonomischen und kulturellen Prozesse. Vor allem aber erlaubt Großstadtkritik in einzigartiger Weise, die beiden Hauptgegner der «pure people» gleichzeitig zu markieren, obwohl diese eigentlich gar nichts miteinander zu tun haben. Die Metropole repräsentiert die politischen, ökonomischen und kulturellen Eliten, sie repräsentiert aber gleichzeitig auch die «Einwanderer», das andere große Feindbild des Rechtspopulismus.

Darüber hinaus erlaubt Metropolenkritik, einige weitere typische Topoi rechter Rhetorik aufzurufen. So erscheinen Großstädte häufig als Horte der «Kriminalität» und der politischen «Korruption», zweier traditioneller Kassenschlager des Rechtspopulismus.[31] Und die in Deutschland besonders verbreitete Erzählung vom faulen Berlin, das dem Rest des Landes auf der Tasche liege, fügt sich exzellent in das rechtspopulistische Motiv des «Wohlfahrtsproduktivismus» mit seiner Unterscheidung zwischen «Makers» und «Takers» ein.[32] Wenn die produktive, «hart arbeitende» Bevölkerung in rechtspopulistischen Diskursen klassischerweise von zwei Gruppen von «Takers» unterschieden wird, der unproduktiven Elite einerseits und Einwanderern andererseits, zielt Großstadtkritik auf beide Gruppen zugleich.

Schließlich passt die Metropolenkritik ganz vorzüglich in die klassisch populistische Strategie, die vermeintliche Elite durch Grenzüberschreitungen, Geschmacklosigkeiten oder Tabubrüche zur Selbstentlarvung zu bringen: Indem man die Provokation kritisiert, gibt man sich als Teil der Elite zu erkennen und belegt damit vermeintlich, wie treffend die rechtspopulistische Kritik war.[33] Der Elitenkritiker gewinnt seine Authentizität dann gar nicht so sehr aus seiner Aussage selbst, sondern aus der Reaktion der Angegriffenen: Deren vielstimmiges «der gehört nicht zu uns» ist viel wirkungsvoller als sein «ich gehöre nicht zu denen». Da die meisten Produzenten öffentlicher Deutung selbst in Großstädten leben, funktioniert dieser Mechanismus bei kaum einem anderen Thema so gut wie bei Großstadtkritik.

Der Stadt-Land-Konflikt kehrt heute also nicht nur deshalb auf die politische Agenda zurück, weil strukturelle ökonomische und kulturelle Prozesse die Interessengegensätze zwischen Stadt- und Landbewohnern vertiefen. Er prägt die politischen Debatten auch deshalb, weil die Betonung dieses Gegensatzes eine doppelte Mobilisierung erlaubt. Sie packt die eigenen Anhänger nicht nur bei ihren Interessen, sondern auch bei ihrer Identität. Vor allem aber erlaubt sie, diverse politische Gegner auf einen Nenner zu bringen. Das erklärt nicht nur, warum der Stadt-Land-Gegensatz politisch so viel genutzt wird, es erklärt vor allem, von wem er genutzt wird. Die im vorherigen Kapitel beschriebenen Prozesse können auf dem Land sowohl ökonomische als kulturelle Verbitterung auslösen. Die symbolische Mobilisierung gegen die Metropole bündelt diese verschiedenen Frust-Erfahrungen und richtet sie auf einen konkreten Gegner.

6
Berlin: Metropole und Metropolenkritik

Die Metropole, die in Deutschland zur symbolischen Markierung eines «Wir» oder der «Anderen» genutzt wird, ist seit jeher Berlin. Allerdings war die positive Vereinnahmung Berlins die Ausnahme: Nur in den wenigen Jahrzehnten der deutschen Teilung firmierte West-Berlin in der bundesrepublikanischen Rhetorik als «Leuchtfeuer der Freiheit»[1], das «den Westen» und seine Werte symbolisierte. Ansonsten hieß es in der politischen Rhetorik meistens: Ich bin kein Berliner.

Folgt man der Argumentation des vorherigen Kapitels, steht hinter solcher Metropolenkritik der Versuch, bestimmte gesellschaftliche Entwicklungen symbolisch zusammenzufassen und sich von ihnen abzugrenzen. Dass diese Kritik heute wieder so intensiv und populär ist, wirft deshalb die Frage auf, welche gesellschaftlichen Entwicklungen sie wiedererkennbar machen soll. Dabei zeigen sich erstaunliche Parallelen zu früheren Wellen der Berlinkritik.

Berlinkritik in Kaiserreich und Weimarer Republik

Die Kritik an Berlin setzte mit der Reichsgründung 1871 ein, als Deutschland mit der neuen Hauptstadt zum ersten Mal eine echte Metropole bekam. Die neue Hauptstadt zog besonders scharfe Kritik auf sich, weil Berlin – anders als Wien, Paris und London, aber auch anders als Rom, die andere verspätete Hauptstadt – keine historischen Ansprüche geltend machen konnte.

Insofern wurde die neue Hauptstadt von Anfang an kritisch beäugt, und zwar nicht nur auf dem Land, sondern auch in anderen großen Städten.[2]

Zu den ersten Kritikern Berlins gehörte ausgerechnet Bismarck, der ja selbst eine entscheidende Rolle bei der Hauptstadtwerdung Berlins spielte. Ihn störte insbesondere der eigenständige Einfluss der Hauptstadt auf das politische Geschehen und namentlich auf den Reichstag, den er «hoffnungslos berlinisiert»[3] fand. Insbesondere beklagte er, die konservativen Abgeordneten aus den ländlichen Regionen seien durch die Wahl der Hauptstadt in einen systematischen Nachteil gegenüber urbanen Interessen geraten: «Wir haben jetzt zu viel Berliner im Reichstag [...] und es ist ja auch natürlich, denn sie brauchen keine Reisen zu machen.»[4] Das war insofern eine kuriose Klage, als der Zuschnitt der Reichstagswahlkreise nach 1871 nie geändert und der Bevölkerungsentwicklung angepasst wurde, weshalb schnell wachsende Städte wie Berlin im Reichstag völlig unterrepräsentiert waren.

Zur größten Welle der Berlinkritik kam es aber in der Weimarer Republik. Diese Kritik kam aus ganz unterschiedlichen Richtungen und zielte sowohl auf den politischen Betrieb als auch auf die kulturellen und gesellschaftlichen Entwicklungen, die Berlin symbolisierte. So war die Berlinkritik Konrad Adenauers Ausdruck eines im Rheinland und in Bayern verbreiteten katholischen Separatismus, in dem Berlin als Symbol für das protestantische Preußen firmierte.[5] Die schärfsten Polemiken gegen Berlin kamen aber aus nationalistischen und rechtskonservativen Kreisen. Diese sahen in Berlin «ein wirkungsvolles Symbol für viele Züge des modernen Lebens, die sie haßten und besonders im städtischen Milieu verankert sahen: Demokratie, Sozialismus, Internationalismus, kulturelle Experimentierlust und anderes mehr.»[6]

Kulturell repräsentierte Berlin einen Lebensstil, der außerhalb der Großstadt häufig als dekadent und unmoralisch empfunden wurde oder jedenfalls so gebrandmarkt werden konnte. Politisch stand Berlin einerseits für die verhasste Republik, andererseits als KPD-Hochburg sogar für die noch schlimmere kommunistische Gefahr: «Nach 1918 repräsentierte Berlin [...] für die Konservativen nicht nur eine marode Gesellschaft (wie im Kaiserreich), sondern darüber hinaus auch einen verfaulenden Staat.»[7]

In nochmal gesteigerter Form finden sich beide Motive auch in der Hetze der Nationalsozialisten gegen Berlin.[8] Dabei, so Ralf Stremmel, entwickelten die Nationalsozialisten kaum genuin eigene Vorwürfe gegen Berlin. Ihre Kritik «rezipierte und übersteigerte jene Invektiven, die insbesondere vom Rechtsliberalismus, vom Konservatismus und vom politischen Katholizismus schon im Kaiserreich entwickelt worden waren».[9]

Die Berlinkritik der 1920er-Jahre konnte allerdings keine reine Elitenkritik sein, denn ein Großteil der nach dem Groß-Berlin-Gesetz von 1920 auf 4 Millionen Einwohner angeschwollenen Hauptstadt hatte mit Elite überhaupt nichts zu tun, sondern waren Arbeiter.[10] Doch auch das ließ sich in die Rhetorik rechter Berlinkritik integrieren: Die Großstadt korrumpiere die «pure people», was sich beispielsweise mit Statistiken über geringe Geburtenzahlen und hohe Todesraten im «sterilen Berlin» und anderen Großstädten belegen ließ.[11]

Auf der anderen Seite des politischen Spektrums tauchte hingegen bereits die Befürchtung auf, die Hauptstadt sei eine Blase, deren Bewohner sich kein realistisches Bild vom Rest des Landes machten. So bemerkte Kurt Tucholsky 1928: «Berlin aber überschätzt sich maßlos, wenn es glaubt, es sei Kern und Herz des Landes.»[12] «In Wirklichkeit», resümiert der Historiker David Large, «fanden das konzentrierte industrielle Potential, die sich permanent rationalisierende Wirtschaft, das kulturelle Weltbürgertum und die republikanische politische Kultur, die das Berlin der Weimarer Jahre prägten, keineswegs außerhalb der Hauptstadt so freudige Zustimmung wie in ihr.»[13]

In den 1920er-Jahren wurde die Hauptstadt der Weimarer Republik damit tatsächlich zum Symbol für die neue politische und gesellschaftliche Ordnung und all das, was mit ihr einherging: «Berlin schlug man, wenn man die Moderne meinte.»[14] Die Hauptstadt, so Jens Bisky, verkörperte symbolisch die gesamte Gesellschaft: «Wie man zur Republik stand, zur neuen Kulturindustrie, zur neuen Baukunst, zu Volk oder Revolution – all das ließ sich leicht am Urteil über die Hauptstadt ablesen. Und auf ein solches wollten die wenigsten verzichten.»[15]

Dass die Kritik an Berlin und seine Gleichsetzung mit dem politischen System als Ganzem gerade in den 1920er-Jahren einen Höhepunkt erreichten, hat zweifellos mit den besonderen politischen Bedingungen der Zeit zu tun. Die junge Republik war von Beginn an revisionistischen Angriffen von rechts ausgesetzt, die in Berlin eine willkommene Zielscheibe fanden. Zur Intensität der Kritik dürfte aber auch beigetragen haben, dass die ökonomischen und kulturellen Unterschiede zwischen Berlin und dem Rest des Landes selten so groß waren wie in den 1920er-Jahren. Die Zwischenkriegszeit stellte in vieler Hinsicht den Höhepunkt der Auseinanderentwicklung von Stadt und Land dar, der mit der industriellen Revolution begonnen hatte. Das war keineswegs nur ein deutsches Phänomen. Auch in den USA, für die der Erste Weltkrieg einen viel geringeren Einschnitt bedeutete, war der Stadt-Land-Gegensatz in den 1920er-Jahren besonders scharf.[16]

Wirtschaftshistorische Studien zeigen, dass die regionale Konzentration der einzelnen Wirtschaftssektoren – und damit die Unterschiede in der Wirtschaftsstruktur zwischen den Regionen – etwa 1925 ihren Höhepunkt erreichte.[17] In städtischen Regionen,

Berlin vornweg, hatte sich die wirtschaftliche Modernisierung mit Elektrifizierung, Automobil und Massenkonsum bereits durchgesetzt. Angetrieben von AEG und Siemens war Berlin seit dem späten 19. Jahrhundert weltweit führend in der Elektrotechnik. 1923 wurde der Flughafen Tempelhof eröffnet, 1924 fand die erste Internationale Funkausstellung statt. Wie wir von Olaf Scholz gelernt haben, wurde im selben Jahr auch die erste Ampel am Potsdamer Platz aufgestellt. Währenddessen waren ländliche Regionen noch immer fast vollkommen agrarisch geprägt. Berlin war dem Rest des Landes zudem nicht nur im Hinblick auf die sektorale Struktur, sondern auch in Bezug auf die Wirtschaftsleistung insgesamt voraus und hatte in den 1920er-Jahren das höchste Pro-Kopf-Einkommen aller deutschen Regionen.[18]

Berlin zog auch deshalb eine im internationalen Vergleich einzigartig scharfe Polemik auf sich, weil die ökonomischen und kulturellen Veränderungsprozesse der Zeit hier im Vergleich zu anderen europäischen Metropolen kaum durch länger bestehende Strukturen aufgehalten oder gebrochen wurden.[19] Das einzigartig rasante Wachstum des 19. Jahrhunderts hatte aus einer mittleren Residenzstadt binnen weniger Jahrzehnte eine Weltstadt gemacht. Allein zwischen 1860 und 1910 vervierfachte sich ihre Einwohnerzahl von einer halben auf zwei Millionen. Mark Twains berühmte Charakterisierung Berlins als «europäisches Chicago» brachte gerade dieses für europäische Städte untypische Fehlen tiefer historischer Kontinuitäten zum Ausdruck. Entsprechend war eine Attacke auf Berlin tatsächlich eine Attacke auf eine reine, kaum durch Ablagerungen früherer Epochen verdeckte Moderne.

Berlinkritik heute

Betrachtet man die Welle der Berlinkritik des Kaiserreichs und der 1920er-Jahre vor dem Hintergrund dieser strukturellen Besonderheiten, dann zeigen sich erstaunlich viele Gemeinsamkeiten mit der Gegenwart. Zunächst einmal betrifft das die Kritik selbst: Wenn der Schwäbische Merkur 1919 schrieb «Aber Berlin ist nicht Deutschland»[20], dann sind die Parallelen mit Friedrich Merz' an das Publikum in Apolda gerichteter Botschaft «Das ist hier nicht Berlin-Kreuzberg, das ist mitten in Deutschland» oder mit Alexander Dobrindts These «Deutschland ist nicht der Prenzlauer Berg, aber der Prenzlauer Berg bestimmt die öffentliche Debatte» kaum zu übersehen.[21] Und wenn es nach der Jahrhundertwende «in der populären deutschen Presse von Horrorgeschichten über das Leben in der Großstadt»[22] wimmelte, dann erkennt man in den heutigen Reportagen über den Kampf um Termine bei Berliner Behörden, das Flüchtlingschaos vor dem LaGeSo oder den Drogenhandel im Görlitzer Park ein fernes Echo dieses Horrors.

Ralf Stremmel identifiziert in seiner Studie über Berlinbilder in der deutschen Politik fünf «Grundtendenzen» der konservativen Berlinkritik der Weimarer Republik: Diese bezog sich demnach erstens auf die Internationalität der Stadt, zweitens auf den dort herrschenden Individualismus, drittens auf Kriminalität und fehlende Moral, viertens auf die Dominanz der politischen Linken und fünftens auf die Modernität des Alltagslebens.[23] Praktisch alle diese Motive tauchen auch heute wieder auf: In Jens Spahns Klage, man könne in Berlin Mitte in vielen Restaurants nur noch auf Englisch bestellen, in der Angst vor der Clan-Kriminalität, in Hans-Georg Maaßens Twitter-Polemik gegen das «sozialistische Berlin» oder in Annegret Kramp-Karrenbauers verunglückter Karnevalsrede über «die Latte-Macchiato-Fraktion, die die Toiletten für das dritte Geschlecht einführen» wolle.

Immerhin funktionierte Berlin in den 1920er-Jahren. Heute dagegen gehört die Stadt laut Tübingens Oberbürgermeister Boris Palmer nicht mehr zum «funktionierenden Teil Deutschlands».[24] Deshalb firmiert sie regelmäßig als «failed state», bei Freunden des allzu naheliegenden Wortspiels auch als «failed Stadt». Nach dem Chaos bei der Organisation von Bundestags- und Abgeordnetenhauswahl forderten Kommentatoren nur halb ironisch internationale Wahlbeobachtermissionen für die «Drittwelthauptstadt eines Erstweltlandes».[25]

Bemerkenswert an der heutigen Berlinkritik ist, dass ihre prominentesten Beispiele nicht etwa von der AfD, sondern vom konservativen Flügel der Union kommen. Das dürfte vor allem zwei Gründe haben. Zum einen ist sie ein typisches Beispiel für den Versuch, mit Metropolenkritik von der Heterogenität des «Wir» abzulenken, indem man «die Anderen» besonders scharf kritisiert. Folgerichtig wurde die Berlinkritik aus der Union immer lauter und schriller, je weniger noch klar war, wofür CDU und CSU eigentlich selbst stehen wollten. Auch das ist nichts Neues: Schon nach dem Ersten Weltkrieg diente die Kritik an Berlin ausgerechnet der Zentrumspartei dazu, eine intern gespaltene politische Bewegung durch Fokus auf einen äußeren Gegner zu einen.[26]

Zum anderen fungierte Berlin in der CDU in den letzten Jahren als eine Art Ersatz dafür, dass man die eigene Regierung und die eigene Kanzlerin nur sehr begrenzt attackieren konnte. Die AfD musste Berlin nicht in den Mittelpunkt rücken, weil sie mit «Merkel muss weg» einen noch effektiveren Topos hatte. In der Union dagegen äußerte sich die wachsende Frustration auf dem konservativen Flügel nur bei Randfiguren, die ohnehin nichts (mehr) zu sagen hatten, in offenen Attacken auf die Kanzlerin.

Für Politiker, die noch echte Ambitionen hatten, wäre ein solcher Angriff dagegen wenig ratsam gewesen. Mit einem Angriff auf Berlin konnten sie dagegen eine stumme Verbrüderung mit den Merkel-Kritikern in der Partei signalisieren.

Diese Taktik lohnte sich allerdings nur, wenn die eigene politische Karriere tatsächlich darauf basierte, sich als Außenseiter zu inszenieren. So trug der Empörungssturm, der nach Jens Spahns Berlinkritik losbrach, dazu bei, sein sorgsam gepflegtes Image als standhafter Konservativer in einer konformistischen Merkel-CDU zu stärken. Annegret Kramp-Karrenbauers Toiletten-Polemik entfremdete sie dagegen ihren eigentlichen Verbündeten, ohne ihr neue Freunde am rechten Rand der Partei zu gewinnen.

Den rhetorischen Gemeinsamkeiten zwischen der aktuellen Berlinkritik und der Berlinkritik in Kaiserreich und Weimarer Republik entsprechen strukturelle Parallelen. Denn auch der Wiederaufstieg zur deutschen Metropole, den Berlin in den letzten 30 Jahren erlebt hat, ähnelt in vieler Hinsicht der Entwicklung im Kaiserreich. Wenngleich in anderer Form als 1871 stellten auch die Wiedervereinigung und der Hauptstadtumzug für Berlin einen grundlegenden Neustart dar. Deshalb konnten viele gesellschaftliche Entwicklungen der letzten 30 Jahre, die an anderen Orten in bestehende Strukturen eingepasst und durch diese gedämpft wurden, sich hier ganz frei entfalten. Berlin ist heute vielleicht nicht das Shenzhen Europas, aber verglichen mit anderen europäischen Städten relativ frei von historischen Pfadabhängigkeiten. Selbstverständlich ist Berlin eine zutiefst von Geschichte durchzogene Stadt. Aber seine Sozial- und Wirtschaftsstruktur sind viel weniger historisch vorgeprägt als in westdeutschen Städten. Berlin repräsentierte in den 1920er-Jahren die Quintessenz der Gegenwart und war deshalb besonders angreifbar. Genau das ist auch heute wieder in vieler Hinsicht der Fall.

Das hat damit zu tun, dass der Aufstieg Berlins sehr ungleichmäßig verlief. Während die anderen großen deutschen Städte ihre Anziehungskraft immer auch wesentlich ihrer Wirtschaftskraft verdankten, hinkte Berlin gerade in diesem Bereich lange hinterher. Das ändert sich mittlerweile, aber auf eine ganz bestimmte Weise: Anders als in den 1920er-Jahren ist Berlin heute weit davon entfernt, die reichste Region Deutschlands zu sein. Aber wie damals ist die Struktur der Berliner Wirtschaft heute wenig repräsentativ für große Teile des Landes. Zugleich hat sich Berlin seit der Wiedervereinigung zu einer Metropole der Deutungshoheit entwickelt. Berlin setzt heute die Themen für die gesellschaftlichen Debatten und gibt diesen Debatten eine Richtung, die wiederum selbst von den Besonderheiten der Entwicklung Berlins geprägt ist.

Diese Mischung aus ökonomischer Sonderentwicklung und kultureller Dominanz gibt der heutigen Berlinkritik ihre spezifische Form. Die fehlende wirtschaftliche Potenz der Stadt verhindert, dass «Berlin» in gleicher Weise wie «London», «Wien» oder «Paris» als Chiffre für alle Mitglieder der Elite dienen kann. Gleichzeitig trägt sie aber dazu bei, dass die Berlinkritik besonders scharf ausfällt und sich so einseitig auf kulturelle Aspekte konzentriert, wie sie das in den Formulierungen von Unions- und AfD-Politikern tut.

Berlins Wiederaufstieg zur Metropole

Wegen seiner späten Einigung hat Deutschland, ähnlich wie Italien, seit jeher ein dezentrales Städtesystem.[27] Schon im Kaiserreich und der Weimarer Republik war Berlin zwar führend, aber nicht dominant gewesen.[28] Die Bonner Republik, mit ihrem überaus polyzentrischen Städtesystem, hatte diese Entwicklung nur auf die Spitze getrieben. Die Mittelstadt Bonn war insofern eine passende Hauptstadt für ein Land der Mittelstädte. In der DDR gab es mit Ost-Berlin hingegen eine klare Metropole, die auch durchaus Ressentiments auslöste. Das mag dazu beitragen, dass Berlinkritik heute in Sachsen und Thüringen auf besonders fruchtbaren Boden zu fallen scheint.

Seit der Wiedervereinigung hat sich das deutsche Städtesystem dagegen deutlich zentralisiert, wie die Geografin Kati Volgmann unter Verwendung einer Vielzahl statistischer Indikatoren nachgezeichnet hat.[29] Berlin ist der Hauptprofiteur dieser Entwicklung: Von den zusätzlichen Funktionen, die die 13 größten deutschen Metropolregionen zwischen 1995 und 2017 an sich ziehen konnten, entfiel allein ein Drittel auf Berlin. Zu diesem Schluss kommt Volgmann auf Basis der Unterscheidung von insgesamt vier Metropolfunktionen:

– Als *Entscheidungs-/Kontrollfunktion* bezeichnet sie die Konzentration von Entscheidungskompetenzen des Staates und der Wirtschaft.
– Die *Innovations-/Wettbewerbsfunktion* zielt auf die Entwicklung und den Transfer von Wissen.
– Die *Gatewayfunktion* misst die Rolle in Transport- und Kommunikationsnetzwerken.
– Die Übernahme von kulturellen Repräsentationsaufgaben wird von Volgmann schließlich als *Symbolfunktion* bezeichnet.

Auf Basis dieser vier Funktionen zeigen Volgmanns Zahlen, wie Berlin sich seit 1995 wieder zur unangefochtenen Nummer 1 des deutschen Städtesystems entwickelt hat. Fasst man alle vier Metropolfunktionen zusammen, war Berlin 1995 kaum wichtiger als Frankfurt oder München. 2017 stand Berlin dann eindeutig an der Spitze (Abbildung 6.1).

Volgmanns Daten zeigen zugleich, wie ungleichmäßig der

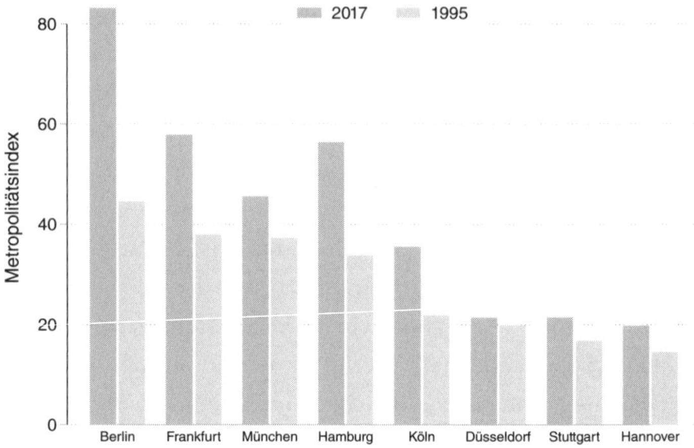

Abbildung 6.1: Metropolität der acht größten deutschen Metropolen, 1995–2017[30]

Wiederaufstieg Berlins verlief. Bei den politischen Funktionen nimmt Berlin seit dem Hauptstadtumzug natürlich den unangefochtenen Spitzenplatz ein. Auch bei den symbolischen Funktionen, insbesondere in den Bereichen «Kulturökonomie und Medien» und «Kunst, Kultur und Architektur» setzte sich die Hauptstadt mit großem Abstand an die Spitze der deutschen Metropolen. Dagegen bleiben bei den ökonomischen Funktionen, aber auch im Verkehrsbereich andere Städte führend. Diese ungleiche Entwicklung, die nicht nur Art und Intensität der Berlinkritik erklärt, sondern auch den Kontext prägt, in dem heute Politik gemacht wird, zeichne ich im Folgenden kurz nach.

Politik

Zweifellos hat Berlin als Hauptstadt sehr viel mehr Gewicht, als Bonn es je haben konnte. So war Bonn stets ein reiner Parlaments- und Regierungssitz, auch wenn sich viele wichtige Interessenverbände im nahen Köln angesiedelt hatten. Berlin dagegen ist eine echte Hauptstadt, in der Bundestag und Bundesregierung von einem dichten Netz von Interessengruppen, Nichtregierungsorganisationen, Stiftungen, Thinktanks und PR-Agenturen umgeben sind, die um die Aufmerksamkeit von Abgeordneten und Regierungsbeamten buhlen.

Mit wenigen Ausnahmen wie der IG Metall sitzen die wichtigsten organisierten Interessenverbände mittlerweile in Berlin, ob BDI, BDA, DGB oder Verdi. Sogar der Verband der Automobilindustrie residiert seit 2010 nicht mehr in Frankfurt, sondern in Berlin – nahe an der Politik, aber denkbar weit entfernt von seinen Mitgliedern. Neben diesen klassischen Vertretern des deutschen Korporatismus haben in Berlin aber auch sehr viele zivilgesellschaftliche Organisationen ihren Sitz, vom Bund der Steuerzahler bis zur deutschen Sektion von Ärzte ohne Grenzen. Selbst das Zentralkomitee der Deutschen Katholiken konnte sich der Gravitationskraft Berlins nicht entziehen und zog im Januar 2022 aus dem katholischen Bonn in die protestantisch-entkirchlichte Hauptstadt.

Zum politischen Kosmos gehört zudem ein dichtes Netz an Stiftungen und Denkfabriken, die zum Teil einen engen, auch personellen Austausch mit Fraktionen und Ministerien pflegen. Auch die politischen Stiftungen sind in Berlin mit großen Büros vertreten, sofern sie dort nicht ohnehin ihren Sitz haben. Hochschulen wie die Hertie School of Governance bemühen sich um eine enge Vernetzung mit der Politik. Dieses Ökosystem ist eine wichtige Voraussetzung dafür, dass sich auch in Deutschland das aus den USA bekannte Karrieremodell mit wechselnden Stationen in Ministerien, Thinktanks und an Universitäten zu etablieren beginnt.

Bemerkenswert dezentral verteilt sind in Deutschland allerdings nach wie vor die staatlichen Institutionen. Noch immer arbeiten etwa 7000 der 20 000 Mitarbeiter aller Bundesministerien in Bonn, wobei die Vorgabe des Bonn-Berlin-Gesetzes, dass «der größte Teil der Arbeitsplätze» in Bonn bleibe, mittlerweile deutlich verfehlt wird.[31] Zur einzigartigen Stellung des Bundesverfassungsgerichts gehört, dass es eben nicht in Berlin sitzt und der Politik aus der sicheren Distanz der Provinz auf die Finger schaut. Aber nicht nur «Karlsruhe», auch «Flensburg», «Nürnberg» oder «Wiesbaden» lassen Nachrichtenzuschauer sofort an die Präsenz des Bundes in der deutschen Fläche denken. Trotzdem stellt Karlsruhe insofern eine Ausnahme dar, als hier wirklich wichtige Entscheidungen außerhalb von Berlin getroffen werden. Ansonsten ist die Präsenz des Bundes in der Fläche vor allem eine Verwaltungspräsenz.

Medien

Trotz der noch einmal gewachsenen Konzentration der politischen Entscheidungsfunktionen bedeutete der Hauptstadtumzug vor allem die Verlagerung des Zentrums von einer Stadt in eine andere. Medien und Kultur waren in der Bonner Republik dagegen hochgradig polyzentrisch organisiert. Deshalb ist der Konzentrationsprozess in diesen Bereichen besonders stark ausgeprägt.[32]

Der Bedeutungszuwachs des Medienstandorts Berlin zeigt sich natürlich insbesondere im Politikjournalismus. Während sich die wichtigsten politischen Redaktionen in der alten Bundesrepublik weit über das Land verteilten – in Hamburg, Frankfurt, München, Köln, oder Mainz –, ballen sie sich inzwischen zunehmend in Berlin. Prominentestes Beispiel dafür ist sicher der Springer-Verlag, der seine Zeitungen schon seit den Nuller-Jahren in Berlin produziert. Aber auch die öffentlich viel weniger sichtbare Zentralredaktion der Deutschen Presse-Agentur sitzt seit 2010 in Berlin. Stärker noch ist die Rolle Berlins im

Online-Journalismus, wo sowohl die Online-Töchter etablierter Printmedien, wie etwa Zeit Online, als auch Produkte des Digitalzeitalters wie Vice in Berlin produziert werden. Nicht zuletzt hat auch bei den Medien, die nicht selbst nach Berlin gezogen sind, die Parlamentsredaktion an Gewicht gewonnen. Dem steht ein ständiger Bedeutungsverlust des landespolitischen Journalismus gegenüber, der mit der Krise der Lokalzeitungen einhergeht.[33] Insofern geht der Aufstieg Berlins mit einer zunehmenden «Provinzialisierung» der Landeshauptstädte einher.

Vor diesem Hintergrund wird der deutsche Diskurs über Politik und Kultur immer stärker von Berliner Perspektiven geprägt. Wenn ein Thema heute in Berlin große Beachtung findet, hat es deshalb gute Chancen, auch bundesweit ein Thema zu werden. Und umgekehrt ist ein Thema oft erst dann ein bundesweites Thema, wenn es auch in Berlin ein Thema ist. So erlebte das Thema Mieten seinen bundesweiten Durchbruch, als die Mieten auch in Berlin auf ein Niveau stiegen, das sie in anderen Großstädten schon sehr viel früher erreicht hatten. Auch die Arbeitsbedingungen bei Lieferservices erhalten sehr viel mehr Aufmerksamkeit, seit der Streit zwischen Gorillas und seinen Berliner Fahrerinnen und Fahrern eskaliert. Und wenn im Berliner SPD-Landesverband ein Streit darüber ausbricht, wer in welchem Wahlkreis als Direktkandidat zur Bundestagswahl antritt, wird in überregionalen Medien breit darüber berichtet. Das gilt aber nicht nur für im engen Sinne politische Themen. Auch eine Frage wie die Besetzung der Volksbühnen-Intendanz erhält inzwischen eine nationale Aufmerksamkeit, die bei keiner Kultureinrichtung außerhalb Berlins denkbar wäre. Nicht zuletzt dürfte die Konzentration der Berichterstattung (und Kommentierung) in Berlin ein Grund dafür sein, dass Angriffe auf Berlin eine so erfolgreiche Strategie sind, um Aufmerksamkeit zu generieren. Ein Angriff auf einen bestimmten Berliner Lebensstil ist eben häufig auch ein Angriff auf einen guten Teil der Berichterstatter und Kommentatoren.

Kultur

Die dritte wichtige Basis für Berlins Stellung als Metropole der Deutungshoheit ist seine stark gewachsene Bedeutung in Kunst und Kultur. Dabei erstreckt sich die Dominanz Berlins auf sehr unterschiedliche Bereiche, von der Hoch- bis zur Subkultur. Ihren Aufstieg zur «capital of cool» hat die Stadt gerade dieser Mischung zu verdanken.[34]

In der Hochkultur profitiert Berlin bis heute vom Erbe der Teilung. Der Wettbewerb zwischen West-Berlin und der «Hauptstadt der DDR» hatte in vielen Bereichen Doppel- oder Dreifachstrukturen hinterlassen: Opernhäuser, Schauspielbühnen, Orchester, Museen und Bibliotheken, die bereits für eine einzigartige Vielfalt sorgten. Dazu kamen nach dem Hauptstadtumzug noch die Repräsentationsbedürfnisse des Bundes, die sich in zahlreichen Neu- und Umbauprojekten ausdrückten.

Während diese Projekte viel Geld verschlangen, profitierte die Stadt in anderen Kulturfeldern gerade von ihrer ökonomischen Schwäche und dem «Charme des Maroden».[35] Dank ihrer Mischung aus niedrigen Mieten, Internationalität und vielfältigen Freiräumen wurde Berlin zur interessantesten Stadt Deutschlands, ja Europas, und zog junge Kreative aus aller Welt an. Insbesondere die Clubkultur machte Berlin zur internationalen Marke.

Sichtbar wird die herausragende Rolle Berlins im Kulturbereich wiederum anhand der Zahlen der Künstlersozialkasse. Heute leben über 20% aller in der KSK versicherten Künstler und Publizisten in Berlin. Dabei verteilen sich die Künstler natürlich nicht gleichmäßig über das Stadtgebiet. Nirgendwo in Deutschland ist die Dichte an freischaffenden Schauspielern,

Abbildung 6.2: KSK-Versicherte in Berlin, nach Postleitzahlbezirk

Musikern, Schriftstellern und bildenden Künstlern so hoch wie in den Berliner Innenstadtbezirken. In manchen Postleitzahlbezirken in Prenzlauer Berg oder Kreuzberg leben mehr KSK-Versicherte als in Nürnberg, Dortmund oder Karlsruhe. Diese Ballung der Künstlerinnen und Künstler innerhalb des S-Bahn-Rings entspricht, wie wir oben gesehen haben, ziemlich genau der Verteilung der Wahlergebnisse der Grünen (Abbildung 6.2).

Berlin hat aber nicht nur individuelle Kulturschaffende angelockt, sondern auch institutionelle Akteure. Ein Beispiel dafür ist die Verlagsbranche. Seit der Wiedervereinigung haben mehrere bedeutende Verlage ihren Standort nach Berlin verlagert, zahlreiche kleine Verlage wurden neu gegründet. War Berlin bis 1995 nur der viertgrößte deutsche Verlagsstandort, steht die Stadt seit 2010 wieder an der Spitze der deutschen Verlagslandschaft (Abbildung 6.3). Im selben Jahr zog auch Suhrkamp, Zentralorgan der linksliberalen Intellektualität der Bonner Republik,

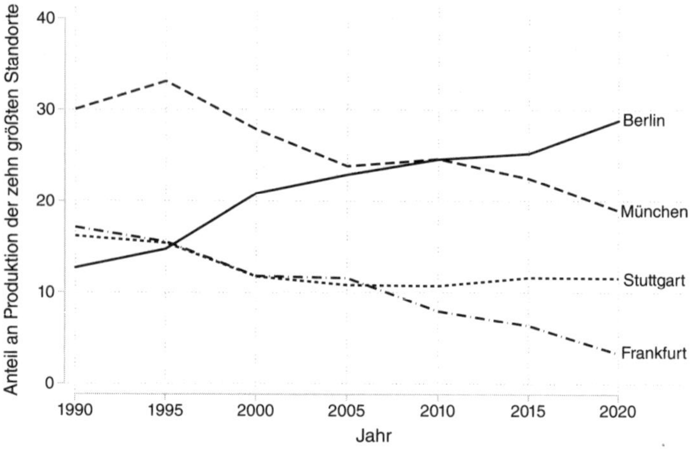

Abbildung 6.3: Anteil an der Buchproduktion der zehn größten deutschen Verlagsstandorte, nach Städten. Zahl für 1990: nur Berlin-West[36]

von Frankfurt nach Berlin und besiegelte so auch symbolisch die Verschiebung des intellektuellen Kraftzentrums.

In Politik, Kultur und Medien nimmt Berlin heute also wieder klar den ersten Rang unter den deutschen Städten ein. Wer bundesweit Gehör finden will, muss deshalb zunächst in Berlin Gehör finden. Eine gewisse Ausnahme von dieser Entwicklung stellt allerdings die Wissenschaft dar. Einrichtungen der Spitzenforschung wie Max-Planck-Institute sind streng föderalistisch über die Republik verteilt, weshalb Nobelpreise in Deutschland immer noch in Orte wie Mülheim an der Ruhr gehen. Zwar sind die Berliner Universitäten bei der Exzellenzstrategie von Bund und Ländern mittlerweile sehr erfolgreich, aber das meiste Geld fließt hier weiterhin nach Süddeutschland. Andererseits sind Mittelflüsse nicht gleichbedeutend mit intellektuellen Strömen. Gerade in den diskursprägenden Disziplinen der Geistes- und Sozialwissenschaften sind viele Wissenschaftlerinnen und

Wissenschaftler zwar in Bremen, Bochum oder Bamberg angestellt, leben (und arbeiten zu großen Teilen) aber in Berlin. In einer Studie des Deutschen Zentrums für Hochschul- und Wissenschaftsforschung gaben 25% der befragten Professoren an, einen doppelten Haushalt an Wohn- und Arbeitsort zu führen.[37] Unter Geistes- und Sozialwissenschaftlern liegt dieser Anteil sogar bei 31%. Dabei war Berlin schon 2004 der beliebteste Wohnort pendelnder Professorinnen und Professoren – eine Tendenz, die sich seitdem noch verstärkt haben dürfte.[38]

Das fehlende Puzzlestück: die Wirtschaft

Der wohl wichtigste Einwand gegen die These von der Berlinisierung Deutschlands ist allerdings ohnehin, dass Berlin seine Rolle als Wirtschaftsmetropole nach dem Ende des Zweiten Weltkriegs für immer eingebüßt hat. Berliner Unternehmen wie Siemens, Allianz oder die Deutsche Bank hatten ihre Zentralen damals nach München oder Frankfurt verlegt und kehrten auch nach der Wiedervereinigung nicht nach Berlin zurück. Von den größten deutschen Unternehmen hat heute nur der Staatskonzern Deutsche Bahn seinen Sitz in der Hauptstadt.

Während Berlin sich in den zwei Jahrzehnten nach der Wiedervereinigung zu einer politischen und kulturellen Metropole entwickelte, kam die Stadt ökonomisch kaum vom Fleck. Nach einem kurzlebigen Wiedervereinigungsboom kam es sogar zu einer regelrechten Krise, weil die neue Hauptstadt in einen doppelten Strukturbruch geriet: Im Ostteil der Stadt wurde ein großer Teil der maroden DDR-Industrie abgewickelt, im Westteil gingen viele Arbeitsplätze verloren, die zuvor nur durch Subventionen erhalten worden waren.[39] Infolgedessen hatte Berlin lange als einzige europäische Hauptstadt ein niedrigeres Pro-

Kopf-Einkommen als das Land, das aus ihr regiert wird.[40] Seit die neuen Bundesländer 1995 in das System des Länderfinanzausgleichs integriert wurden, war Berlin jedes Jahr der größte Nettoempfänger und hat in dieser Zeit Zahlungen von insgesamt über 70 Milliarden Euro erhalten – ein beliebtes Sujet der Berlinkritik.[41]

Seit etwa zehn Jahren ist allerdings ein massiver ökonomischer Aufholprozess in Gang gekommen.[42] Nachdem jahrelang kein einziges Berliner Unternehmen im DAX vertreten war, sind es nach dessen Aufstockung auf 40 Unternehmen mittlerweile vier – Delivery Hero, Deutsche Wohnen, HelloFresh und Zalando. Wie diese Namen schon zeigen, ist dieser Aufschwung allerdings kein Ausdruck eines verspäteten Aufstiegs zur Metropole der Deutschland AG. Stattdessen stehen im Zentrum des Berliner Wirtschaftsmodells die Kreativwirtschaft und der Digitalsektor. Insbesondere wurde Berlin zur deutschen Startup-Metropole. Nach Zahlen der Unternehmensberatung EY flossen 2019 etwa 60% aller Investitionen in deutsche Startups nach Berlin.[43]

Die Entwicklung dieses Wirtschaftsmodells basiert direkt auf den kulturellen und soziodemografischen Entwicklungen der beiden vorherigen Jahrzehnte. Die Mischung aus Künstlern, Wissenschaftlern, Medienschaffenden und IT-Fachkräften sowie die große internationale Durchmischung dieser Gruppen haben Berlin zur Hauptstadt der «kreativen Klasse» werden lassen – und zum glänzenden Beleg für Richard Floridas These, wonach Offenheit und Toleranz zu den wichtigsten Faktoren zählen, um deren Mitglieder anzulocken. Zugleich eröffnete das Wegbrechen großer Teile der Industrie den neuen Branchen ein freies Feld, auf dem sie sich entfalten konnten. Sie mussten kaum mit etablierten Platzhirschen konkurrieren und konnten auf die Unterstützung einer Politik zählen, der wenige wirtschaftspolitische Alternativstrategien zur Verfügung standen.

Diese Besonderheiten der Berliner Wirtschaftsentwicklung helfen zu verstehen, warum auf Berlin gerichtete Elitenkritik praktisch ausnahmslos von rechts kommt. Linke Elitenkritik würde ja wirtschaftliche Macht ins Zentrum der Kritik rücken. Wirtschaftliche Macht sitzt in Deutschland aber in München, Frankfurt oder Düsseldorf – und nicht in Berlin. Deshalb gibt es linke Pariskritik oder linke Londonkritik, aber keine linke Berlinkritik.

Die Intensität dieser Berlinkritik dürfte auch kaum nachlassen, wenn der ökonomische Aufschwung der Startup-Hauptstadt anhalten sollte. Denn er mag zwar dazu beitragen, dass Berlin irgendwann nicht mehr der größte Empfänger des Länderfinanzausgleichs ist. Mit Blick auf die Wirtschaftsstruktur vergrößert er die Unterschiede zwischen Berlin und dem Rest des Landes aber sogar noch. Schließlich stellen Digitalisierung und Startup-Ökonomie die Stärke des Industriesektors infrage, der bislang den Wohlstand vieler relativ ländlicher Regionen garantiert. Insofern haben Mitarbeiter in der Automobilzulieferindustrie guten Grund, sich vor der Vorstellung zu fürchten, die Berliner Wirtschaftsstruktur zeige die Zukunft der gesamten deutschen Wirtschaft.

Berlin-Bilder in der Bevölkerung

All das erklärt, warum Berlinkritik in den letzten Jahren zu einem beliebten Instrument politischer Mobilisierung im rechten Teil des politischen Spektrums geworden ist. Aber funktioniert diese Strategie überhaupt? Wer lässt sich von solchen Attacken mobilisieren? In einer Umfrage im September 2021 konnte ich gut 2700 Deutsche im Alter zwischen 18 und 74 Jahren nach ihren Einstellungen zu Berlin befragen. Konkret habe ich die Teilnehmer, in Anlehnung an eine schwedische Studie über die Be-

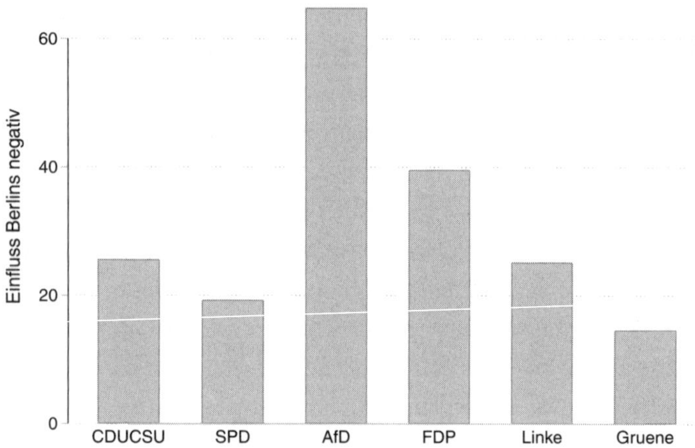

Abbildung 6.4: Anteil der Befragten, die den Einfluss Berlins als negativ bewerten, nach Parteineigung

wertung Stockholms, nach ihrer Bewertung der gegenwärtigen Rolle Berlins befragt: «Denken Sie, dass Berlin insgesamt einen positiven oder einen negativen Einfluss auf die Entwicklung Deutschlands hat?»[44]

In dieser Umfrage bewerteten 24% die Rolle Berlins als positiv, 30% bewerteten sie als negativ, während 46% unentschlossen waren. Dabei zeigen sich jedoch erhebliche Unterschiede unter den Parteianhängern. Unter den AfD-Anhängern bewerten fast zwei Drittel den Einfluss Berlins als «sehr» oder «eher» negativ, unter den FDP-Wählern noch 40%. Dagegen liegt der Anteil der Berlingegner bei allen anderen Parteien maximal bei etwa einem Viertel. Insbesondere sehen nur 26% der befragten Unionsanhänger den Einfluss Berlins negativ, 30% bewerten ihn hingegen als positiv. Allerdings hat Berlin auch relativ wenige dezidierte Anhänger: Selbst bei den Grünen, die die Stadt von allen Parteien am positivsten bewerten, beurteilen nur 40% der Befragten den Einfluss Berlins als positiv.

Auf den ersten Blick scheinen diese Ergebnisse das Scheitern der Mobilisierungsversuche rechtsauslegender Unionspolitiker zu belegen. Offenbar gehen diese sogar an den eigenen Wählern vorbei, schließlich bewerten sogar mehr Unionswähler den Einfluss Berlins positiv als negativ. Diese Wähler dürften sich von solcher Rhetorik kaum überzeugen lassen.

Der eigentliche Zweck dieser Strategie wird vielleicht auf den zweiten Blick deutlich. Offenbar handelt es sich um den Versuch, eine Brücke zu früheren Unionswählern zu bauen, die jetzt die AfD wählen. Ob dieser Versuch erfolgreich ist, erscheint natürlich fraglich. Aber er ist auch mit keinem großen Risiko verbunden, wie die niedrigen Zustimmungswerte zu Berlin bei den anderen Parteien zeigen: Es gibt einfach sehr wenige Berlinfans, die man mit dieser Rhetorik verschrecken könnte.

Insofern handelt es sich bei dem Versuch, Stadt-Land-Konflikte über Kritik an Berlin zu mobilisieren, um Symbolpolitik im wahrsten Sinne des Wortes. Indem man ein Symbol attackiert – Berlin steht wie schon in der Weimarer Republik natürlich für viel mehr als nur für Berlin –, legt man ein Bekenntnis ab, das wenig kostet und auch keine konkreten Maßnahmen verlangt. Man kann der Zielgruppe, für die diese Kritik bestimmt ist, damit aber signalisieren, dass man auf einer gemeinsamen Seite steht – selbst wenn man das nie so offen sagen würde.

Natürlich ist die Parteiwahl nicht der einzige Indikator, anhand dessen man die Haltung zu Berlin aufschlüsseln kann. So haben jüngere und höher gebildete Befragte eher ein positives Bild von Berlin. Besonders stechen aber zwei andere Faktoren heraus: Diejenigen, die finden, ihrer eigenen Region gehe es ökonomisch schlecht, und jene, die finden, die Politik vernachlässige ländliche Regionen, bewerten Berlin besonders negativ. Das nächste Kapitel fragt danach, inwiefern die letztgenannte Gruppe einen Grund für diese Einschätzung hat.

7
Repräsentationsfragen: Wer in Berlin gehört wird

Am 20. Juni 1991 fällte der Bundestag in einer legendären Sitzung nach mehr als elf Stunden Debatte mit 107 Redebeiträgen und über 100 weiteren zu Protokoll gegebenen Reden die Entscheidung, nicht nur die symbolischen Hauptstadtfunktionen, sondern auch Parlament und Regierungssitz nach Berlin zu verlegen. Diese Entscheidung, die den Grundstein für den Wiederaufstieg Berlins zur deutschen Metropole legte, fiel mit der denkbar knappen Mehrheit von 338 zu 320 Stimmen. Wenig hätte gefehlt, und die Geschichte der deutschen Wiedervereinigung hätte eine andere Entwicklung genommen. Tatsächlich haben Analysen der Abstimmung zu beweisen versucht, dass der vollständige Regierungsumzug nur dank der Reihenfolge, in der die drei konkurrierenden Anträge abgestimmt wurden, eine Mehrheit fand.[1] Eine kontrafaktische Geschichte, in der Bonn noch immer Regierungssitz ist, wäre also historisch keinesfalls unplausibel – so schwer es aus heutiger Sicht auch fällt, sie sich vorzustellen.

Die Abstimmung über den Hauptstadtumzug gilt aber nicht nur wegen ihres knappen Ausgangs als historisch, sondern auch wegen der ihr vorausgegangenen Debatte. Frei vom sonst herrschenden Fraktionszwang sei in dieser «Sternstunde des Parlaments» eine schwankende Mehrheit tatsächlich von einzelnen Reden (und, so ist zu hoffen: Argumenten) auf die Seite Berlins gezogen worden.[2] Insbesondere die Rede Wolfgang Schäubles gilt noch heute als entscheidender Wendepunkt, der zum – für die meisten Beobachter überraschenden – Erfolg Berlins geführt habe.

Zyniker könnten allerdings einwenden, dass die an diesem Tag gehaltenen Reden wenig mit den tatsächlichen Entscheidungsgründen der Abgeordneten zu tun hatten und Letztere in Wahrheit einem viel banaleren Kalkül folgten: Die wichtigste Determinante des Abstimmungsverhaltens war nämlich der Wohnort der Abgeordneten. Abgeordnete, die näher an Bonn wohnten, stimmten weit überwiegend für den Verbleib des Bundestags am Rhein, Abgeordnete, die näher an Berlin wohnten, stimmten für einen Umzug.[3] Auch Katholiken stimmten mit großer Mehrheit für das katholische Bonn, ebenso wie die CSU, die als Regionalpartei natürlich jegliche Zentralisierungstendenzen fürchtete. Das relativiert Einschätzungen, denen zufolge die Debatte selbst das Ergebnis maßgeblich prägte, etwa weil «vielen Abgeordneten erst während der Debatte das ganze Ausmaß der historischen Dimension ihrer Entscheidung bewusst geworden war».[4] Es erklärte auch kein einziger der über 200 Abgeordneten, die eine Rede hielten oder zu Protokoll gaben, seine Meinung geändert zu haben.

Viele der in der Debatte ausgetauschten Argumente sind aus heutiger Sicht relativ uninteressant, was vermutlich dazu beitrug, dass Benedikt Erenz die Marathon-Debatte zum 25. Jahrestag keineswegs als «Sternstunde», sondern als «über weite Passagen eher zäh» charakterisierte.[5] Immerhin zeigte sie, dass nicht nur Rechtspopulisten die Hauptstadt als symbolische Verkörperung des ganzen Landes begreifen. Bloß erkannten die Redner beider Seiten in diesem Symbol nicht das Schlechteste, sondern das Beste am Land. Zu den Gründen, warum Wolfgang Schäubles Rede so großen Widerhall fand, dürfte zählen, dass sie dieses Motiv in den Mittelpunkt stellte:

«In diesen 40 Jahren – auch das ist wahr – stand das Grundgesetz, stand die alte Bundesrepublik Deutschland mit ihrer provisorischen Hauptstadt Bonn für Freiheit, Demokratie und Rechts-

staat. Aber sie stand damit immer für das ganze Deutschland. Und das Symbol für Einheit und Freiheit, für Demokratie und Rechtsstaatlichkeit für das ganze Deutschland war wie keine andere Stadt immer Berlin.»[6]

Aus der Perspektive dieses Buches ist die Debatte aber vor allem deshalb interessant, weil sie wie eine Zeitkapsel die Hoffnungen und Befürchtungen der Zeitgenossen festhielt. Das gilt insbesondere für die Frage, wie sich die Debattenteilnehmer die Auswirkungen eines Umzugs auf die deutsche Demokratie vorstellten. Wie würde ein Umzug die Beziehung zwischen dem Parlament und der von ihm regierten Bevölkerung verändern?

Naturgemäß dominierten bei den Bonnanhängern die Befürchtungen. Diese galten insbesondere einer stärkeren Zentralisierung, die die innenpolitische Statik der Bundesrepublik verändern könne. Der Föderalismus, argumentierten Redner wie Gerhart Baum und Theo Waigel, gerate in Schieflage, wenn es in Zukunft eine «richtige» Hauptstadt gebe, die politische Dominanz entfalten könne.

Die Befürworter eines Umzugs entgegneten dem, die Bundesländer seien stark und selbstbewusst genug, um sich vor einer Hauptstadt Berlin nicht fürchten zu müssen. Vor allem aber entwickelten sie ein anderes Argument, warum ein Umzug die Qualität der demokratischen Politik verbessern werde: Berlin biete als besonders vielfältige Stadt die besten Voraussetzungen für eine volksnähere Politik. In Bonn hingegen sei die Politik abgenabelt von den realen Problemen der Bevölkerung.

Dieses Argument wurde vor allem von ostdeutschen Abgeordneten und Vertretern der linken Parteien vorgebracht. So fragte die Hamelner SPD-Abgeordnete Brigitte Schulte mit Bezug auf Bonn:

«In dieser hübschen Stadt, in der wir Parlamentarier ähnlich wie die hier anwesenden Journalisten und Botschafter ein bißchen

im Glashaus leben, treffen wir da wirklich allein [sic] die Konflikte, die unsere Republik erschüttern?»[7]

Auch Gregor Gysi argumentierte, es sei die Aufgabe des Parlaments, sich möglichst unmittelbar mit den gesellschaftlichen Konflikten zu konfrontieren:

«Soll ein Parlament, soll eine Regierung wirklich dorthin gehen, wo es problemlos ist, oder sollen Parlament und Regierung nicht genau dorthin gehen, wo die meisten Probleme eines Landes kulminieren, um sich ihnen direkt zu stellen und nicht den Eindruck zu hinterlassen, daß man mit diesen Problemen eigentlich nichts zu tun haben will.»[8]

Das Argument, eine solche Konfrontation sei in Berlin am besten möglich, brachte seine Fraktionskollegin Dagmar Enkelmann am knappsten auf den Punkt:

«Bonn ist nicht typisch für diese neue Bundesrepublik, die heute aus 16 Ländern besteht und 16 Millionen neue Einwohner hat. Berlin ist viel eher typisch für die Probleme dieser neuen Republik.»[9]

Die Auseinandersetzung mit diesen Problemen werde dazu beitragen, die Distanz zwischen Politik und Bürgern zu verringern, prognostizierte auch der SPD-Abgeordnete Norbert Gansel:

«Die Floskel von den ‹Menschen draußen im Lande› wird in Berlin keiner mehr gebrauchen können.»[10]

Die Idee, Berlin sei ein Umfeld, in dem eine bessere, bürger- und problemorientierte Politik entstehen könne, wurde aber nicht nur auf der politischen Linken propagiert. Auch Berlins regierender Bürgermeister Eberhard Diepgen warb mit diesem Argument für seine Stadt: Die in Berlin anzutreffenden «Gegensätze, Spannungen und Widersprüchlichkeiten» seien «der Stoff, aus dem politische Kreativität entsteht».[11]

Nun war dieses Argument kein zentrales Thema der Debatte. Soweit ersichtlich, wurde ihm aber auch nicht widersprochen, was daran liegen mag, dass sich die Bonner Redner bemühten, für Bonn und nicht gegen Berlin zu argumentieren. Immerhin sah sich mit Rita Süßmuth eine der namhaftesten Unterstützerinnen Bonns genötigt, auf diesen vermeintlichen Vorzug Berlins einzugehen, ohne allerdings ein wirklich überzeugendes Gegenargument zu finden:

«[W]enn wir jedesmal da hingehen wollten, wo die Probleme sind, dann müßten wir über unsere Hauptstadtfrage ständig neu entscheiden.»[12]

Das ist erstaunlich, weil das Gegenargument ja eigentlich auf der Hand liegt: Naturgemäß ist die größte Stadt eines Landes überhaupt nicht repräsentativ, sondern gerade besonders untypisch für das Land als Ganzes. Insofern begegnet die Politik in Berlin primär den Problemen, die typisch für Berlin sind. Zwar ließe sich argumentieren, dass in der größten Stadt alle gesellschaftlichen Gruppen irgendwie präsent sind, während in kleineren Städten immer bestimmte Gruppen fehlen. Damit ist aber noch lange nicht gesagt, dass auch all diese Gruppen die Abgeordneten mit ihren Anliegen erreichen.

Repräsentationsfragen

Gut zwei Jahrzehnte nach dem Hauptstadtumzug hat sich die Hoffnung, die Bundespolitik werde volksnäher, wenn sie in Berlin mit den deutschen Alltagsproblemen konfrontiert wird, in ihr Gegenteil verkehrt. Heute belegen deutsche Politiker ihre Volkstümlichkeit gerade damit, mit Berlin so wenig wie möglich zu tun zu haben. Sogar «die Menschen draußen im Lande» feierten im Wahlkampf 2021 ein Comeback.[13] Die Kluft zwischen der «Hauptstadtblase» und dem von ihr regierten Land ist heute in vieler Hinsicht größer als vor dem Umzug.

Das hat natürlich nicht nur mit Berlin zu tun. Unter den Bedingungen von sozialen Netzwerken und medialer Dauerbeobachtung hätte die Bundespolitik ihren Sparkassendirektorenmaßstab auch in Bonn kaum beibehalten können. Wäre die Hauptstadt immer noch in Bonn, gäbe es deshalb vermutlich ein eigenes Genre der Bonnkritik.[14] Diese Kritik würde sich aber auf den politischen Betrieb konzentrieren und wäre sicher keine Metropolenkritik. Der Satz «Poppelsdorf ist nicht Deutschland, aber Poppelsdorf bestimmt die öffentliche Debatte» wäre so abwegig, wie er klingt.

Trotzdem ist das Argument, die Hauptstadt Berlin werde eine bürgernähere Politik ermöglichen, mehr als eine historische Kuriosität. Denn es spricht mit der Frage nach demokratischer Repräsentation ein Thema an, das auch beim Aufkommen von Stadt-Land-Konflikten eine wichtige Rolle spielt: Wer findet mit seinen Anliegen im politischen System Gehör? Immerhin wird der Frust darüber, dass die Politik den ländlichen Raum vernachlässige, üblicherweise zu den Kernelementen «ländlicher Verbitterung» gezählt. Dieses Gefühl ist für die USA gut dokumentiert, es ist aber auch in Deutschland weit verbreitet. So stimmten in unserer Umfrage im September 2021 fast zwei Drittel der Befragten, die ihren Wohnort als «sehr ländlich» oder «eher ländlich» beschrieben, der Aussage zu, «Große Städte haben in der Politik zu viel zu sagen, während ländliche Regionen oft nicht gehört werden».[14] Der umgekehrten Aussage, städtische Regionen hätten nicht viel zu sagen, stimmte dagegen gerade einmal jeder zehnte befragte Städter zu. Und während 53% der befragten Landbewohner der Aussage «Unsere ländlichen Regionen geben mehr Geld an den Staat ab, als sie zurückbekommen, weil das Geld in die großen Städte fließt» zustimmten, unterstützten nur 17% der befragten Städter die umgekehrte Aussage, zu viel Geld fließe von den Städten aufs Land (Abbildung 7.1).

Nun haben nicht nur Landbewohner Anlass, sich im politischen System unterrepräsentiert zu fühlen. Tatsächlich bestehen im deutschen politischen System eine ganze Reihe von Repräsentationsdefiziten. Das dramatischste Beispiel dafür ist die Repräsentation verschiedener sozialer Schichten. Wenn obere und untere Schichten divergierende Interessen haben, folgt der Bundestag meist den Präferenzen der oberen Schichten.[16] Dasselbe gilt bei der Frage, welche Themen es überhaupt auf die politische Agenda schaffen: Wessen Anliegen priorisiert die Politik und wessen Anliegen schiebt sie auf die lange Bank?[17] Diese ungleiche Responsivität gilt mittlerweile als ein wichtiger Grund für wachsende Unzufriedenheit mit dem politischen System und damit letztlich auch für den Aufstieg der AfD.[18]

Für die bessere Repräsentation höherer Schichten gibt es eine ganze Reihe von Gründen, wie den Einfluss von Lobbys oder die Rolle von Geld in der Politik. Zu den am häufigsten genannten Ursachen zählt aber die mangelnde soziale Repräsentativität des Bundestags. Während die Politik lange ein vergleichsweise offenes Feld der Elitenrekrutierung war, stammen Abgeordnete heute weit überwiegend aus höheren sozialen Schichten. Arbeiterinnen und Arbeiter sind praktisch nicht mehr im Bundestag vertreten, genauso wenig wie Menschen ohne Abitur.[19]

Biografische Prägungen, die eigene Sozialisation und das soziale Umfeld von Abgeordneten bleiben aber nicht ohne Einfluss auf ihre Arbeit. Für die Frage, wie gut bestimmte Anliegen in der Politik repräsentiert werden, kommt es deshalb nicht nur auf die grundlegenden ideologischen Überzeugungen der Parteien an, die in ihren Grundsatzprogrammen niedergeschrieben sind. Es kommt auch darauf an, wer diese Überzeugungen konkret vertritt.

Das gilt nicht nur für den sozialen Hintergrund, sondern auch für Bildung, Beruf, Ost-Biografie, Migrationshintergrund oder

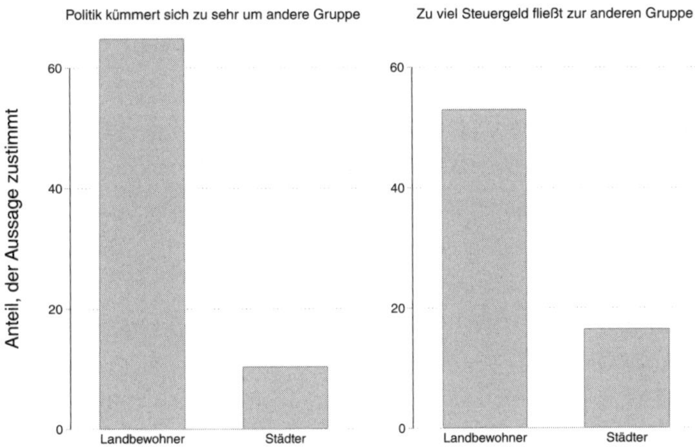

Abbildung 7.1: Kümmert die Politik sich zu sehr um die andere Gruppe?

Geschlecht – und natürlich für den städtischen oder ländlichen Hintergrund von Politikern.[20]

Anders als Geschlecht oder Migrationshintergrund ist geografische Herkunft keine unveränderliche Eigenschaft – man kann umziehen. Aber sie ist politisch sehr wichtig, weil Abgeordnete bei ihrer politischen Meinungsbildung immer wieder auf die Erfahrungen zurückgreifen, die sie in ihrem geografischen Umfeld machen.

Dass Politik nicht ortlos ist, sondern von geografischen Kontexten beeinflusst wird, gilt eben nicht nur für die Wählerinnen und Wähler. Es gilt auch für politische Eliten, von Ministerinnen und Ministern über Abgeordnete bis zu den Rädchen des politischen Betriebs wie Ministerialbeamten oder dem Mitarbeiterstab in Parteizentralen und Abgeordnetenbüros. Deren Wahrnehmung davon, was politisch dringlich ist, wo Handlungsbedarf besteht und welche Lösungen aussichtsreich sind, wird natürlich ebenfalls davon geprägt, welche Themen in ihrem sozialen Kontext besonders präsent sind. Und es ist keineswegs ausgemacht, dass dieser Effekt heute geringer ist als in der Vergangenheit. Zwar erlaubt einem das Internet, seine Netzwerke sehr viel weiter zu spannen. Für diejenigen, die im Zentrum der dominanten Diskursnetzwerke stehen, bleiben die realen Netzwerke aber weiter hochattraktiv. Das gilt insbesondere für die so wichtigen «schwachen Beziehungen» («weak ties»), die als Türöffner zu anderen Netzwerken dienen.[21]

Geografische Kontexteffekte dürften sogar eher noch wichtiger werden, je seltener Abgeordnete und Mitarbeiter aus den klassischen, die Parteien früher einmal tragenden Milieus stammen und je schwächer ihre Bindungen an diese Milieus werden. Diese Bindungen waren lange wichtige Quellen für die Wahrnehmung von Themen. Werden sie schwächer, gewinnen stattdessen individuelle Kontextfaktoren an Gewicht. Das, was Abgeordnete und Mitarbeiter als wichtig oder drängend wahrnehmen, wird zunehmend das sein, was in ihrem persönlichen und professionellen Umfeld als wichtig oder drängend wahrgenommen wird.

Dieses geografische Umfeld besteht bei Abgeordneten aus zwei recht unterschiedlichen Elementen: dem eigenen Wahlkreis, in dem in der Regel auch der eigene Wohnort liegt, und Berlin als Arbeitsort. Im Folgenden betrachte ich, wie diese beiden Kontexte die politische Repräsentation von Stadt und Land beeinflussen. Dabei beginne ich mit dem Einfluss des Wahlkreises, ehe ich am Schluss des Kapitels den Faden aus der Hauptstadtdebatte wiederaufnehme und frage, wie Berlin selbst heute die deutsche Politik prägt.

Wie repräsentativ ist der Bundestag?

Wer im Herbst 2021 auf der Internetseite der Stiftung Historische Museen Hamburg die Seite «Bauprojekte» öffnete, den begrüßte eine überraschende Danksagung: «Dank des Engagements der Hamburger Bundestagsabgeordneten Johannes Kahrs (SPD, MdB 1998–2020) und Rüdiger Kruse (CDU) im Haushaltsausschuss des Deutschen Bundestages können die Modernisierungspläne der Stiftung Historische Museen Hamburg in den nächsten Jahren gemeinsam mit der Unterstützung der Freien und Hansestadt Hamburg finanziert und realisiert werden.»[22]

Ein seltsamer Dank an den Steuerzahler. Aber die tiefe Verbeugung vor den parlamentarischen Schutzpatronen ist nachvollziehbar. Denn das Gespann Kahrs/Kruse ist tatsächlich ein herausragendes Beispiel für parteiübergreifende Zusammenarbeit zum Wohle ihrer Heimatstadt: Zwischen 2009 und 2020 hatten die beiden Abgeordneten dem Haushaltsausschuss des Bundestags angehört, Kruse zeitweise als Hauptberichterstatter für Kultur, Kahrs als haushaltspolitischer Sprecher der SPD. Das ermöglichte ihnen, Jahr für Jahr üppige Projektmittel nach Hamburg zu lenken. Keine der berühmten Bereinigungssitzungen des Haushaltsausschusses verging, ohne dass die Hamburger Medien am nächsten Tag die neuesten Erfolge der beiden «Geldbeschaffer» vermelden konnten: Museumssanierungen hier, Geld für das Reeperbahn-Festival oder die Restaurierung des historischen Viermasters Peking dort.[23] Sogar für die Sanierung des Bismarck-Denkmals oberhalb des Hamburger Hafens machte der Bund 6,5 Millionen Euro locker.[24]

In der neuen Legislaturperiode dürften die Haushaltmittel deutlich langsamer in die Hansestadt fließen: Nachdem Kahrs sich bereits 2020 aus dem Bundestag zurückgezogen hatte, verlor Kruse bei der Bundestagswahl sein Mandat. Ohnehin ist das Zusammenspiel von «K&K» zum Nutzen ihrer Heimatstadt nur ein besonders sichtbares Beispiel für ein sehr viel breiteres Phänomen: Abgeordnete setzen sich regelmäßig für die Belange ihrer Heimatstadt oder ihres Heimatwahlkreises ein und arbeiten dabei auch über Parteigrenzen hinweg zusammen.[25] Das ist auch überhaupt nicht anrüchig, sondern vom Bundestagswahlrecht so gewollt. Die Abgeordneten sind zwar Vertreter des gesamten Volkes, aber gleichzeitig auch ihrer Wahlkreise.

Zum Problem wird dieses Engagement erst dann, wenn bestimmte Wahlkreise sehr viel häufiger davon profitieren als andere, etwa weil sie systematisch über mehr Abgeordnete verfügen. Eine solche Ungleichrepräsentation versucht das deutsche Wahlrecht eigentlich explizit zu verhindern: Dank der 299 Direktmandate haben alle Regionen einen eigenen, den Einwohnern des Wahlkreises direkt verantwortlichen Repräsentanten im Bundestag. Weil die übrigen Abgeordneten über Landeslisten gewählt werden, sind auch die Bundesländer weitgehend proportional im Bundestag repräsentiert. In der Theorie stellt das deutsche Wahlsystem also eine sehr gleichmäßige Repräsentation aller deutschen Regionen sicher – von Nord und Süd, arm und reich, Stadt und Land. In der Praxis entspricht die Sitzverteilung im Bundestag diesem Prinzip jedoch nur noch eingeschränkt. Stattdessen werden Städte zunehmend überrepräsentiert.

Da mehr als 95% aller Bundestagsabgeordneten als Direktkandidaten antreten, lassen sich fast alle Abgeordneten einem Heimatwahlkreis zuordnen, dem sie institutionell verbunden sind – unabhängig davon, ob sie den Wahlkreis auch gewonnen haben. Auf dieser Basis kann man zählen, wie viele Abgeordnete jeder einzelne Wahlkreis effektiv in den Bundestag entsendet. Abbildung 7.2 zeigt am Beispiel sechs ausgewählter Bundestags-

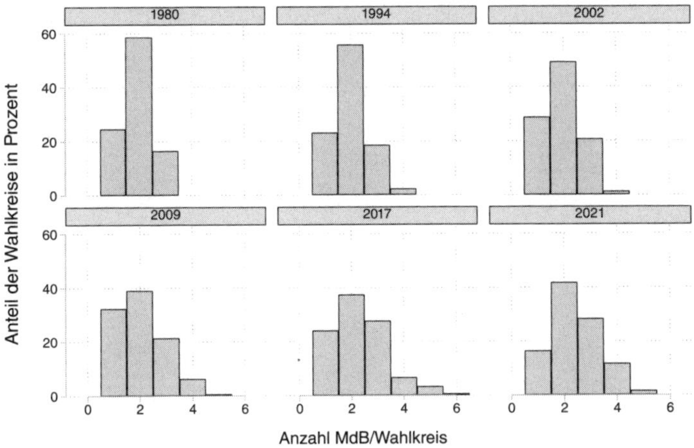

Abbildung 7.2: Verteilung der Abgeordneten über die Wahlkreise[26]

wahlen, dass sich diese Anzahl zwischen den Wahlkreisen immer stärker unterscheidet. So hat der Anteil der Wahlkreise, die von genau zwei Abgeordneten repräsentiert werden, von 60% im Jahr 1980 auf nur noch 41% im aktuellen Bundestag abgenommen (2017 lag dieser Wert sogar bei 37%). Zugleich hat sich der Anteil der Wahlkreise mit drei oder mehr Abgeordneten mehr als verdoppelt – von 19% auf gut 42%. Insbesondere werden mittlerweile 13% der Wahlkreise von vier oder mehr Abgeordneten vertreten – eine Kategorie, die 1980 noch überhaupt nicht existierte. Die Kehrseite dieser Entwicklung war bis 2013, dass sich auch die Anzahl der Wahlkreise mit nur einem einzigen Abgeordneten deutlich erhöhte. Diesen Trend hat die Aufblähung des Bundestags fürs Erste gestoppt.

Von dieser wachsenden Ungleichverteilung profitieren vor allem urbane Wahlkreise. Beispielhaft zeigt Abbildung 7.3, dass Universitätsstädte im Bundestag seit jeher überrepräsentiert sind und dass diese Überrepräsentation seit 2002 noch zuge-

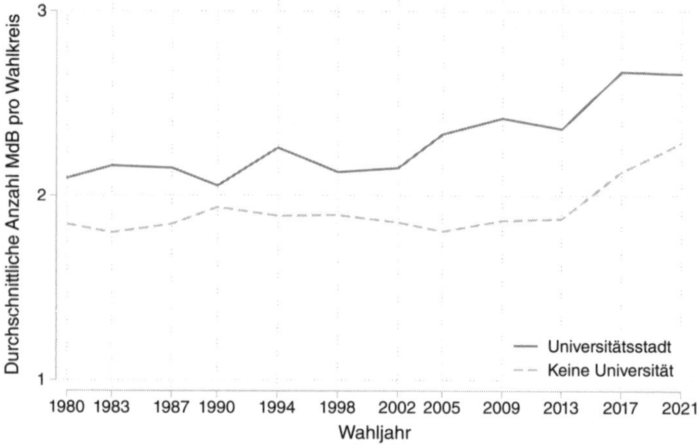

Abbildung 7.3: Durchschnittliche Anzahl von MdB in Wahlkreisen mit und ohne Universität

nommen hat. Ein ähnlicher Zusammenhang zeigt sich auch für andere Indikatoren von Urbanität.[27]

Nun sollte man diese Zahlen in eine angemessene Perspektive rücken. Verglichen mit der Repräsentation von Frauen oder Menschen ohne Abitur ist das Land noch immer sehr proportional repräsentiert. So kommen weiterhin etwa 45 % der Bundestagsabgeordneten aus der ländlicheren Hälfte der Wahlkreise. Dagegen beträgt der Frauenanteil im Bundestag nach der jüngsten Bundestagswahl immer noch nur 35 %.[28] Was die Überrepräsentation städtischer Wahlkreise aber besonders macht, ist die formale institutionelle Bindung der Abgeordneten an bestimmte Wähler. Zwischen weiblichen Abgeordneten und weiblichen Wählern besteht kein formaler Repräsentationszusammenhang – zwischen Duisburger Abgeordneten und Duisburger Wählern schon.

Verantwortlich für diese Ungleichverteilung der Abgeordneten ist die Listenaufstellung der Parteien.[29] Dabei kommt es vor allem auf diejenigen Parteien an, die keine oder fast keine Direktmandate gewinnen, also Linke, Grüne, FDP und AfD sowie einige Landesverbände der SPD, etwa in Bayern oder Sachsen. Dagegen spielt die Listenaufstellung der CSU für die Zusammensetzung des Bundestags keine direkte Rolle, weil alle ihre Abgeordneten ein Direktmandat halten.

Linke, Grüne, SPD und teilweise auch FDP vergeben die vorderen Positionen ihrer Parteilisten aber hauptsächlich an Kandidaten aus städtischen Wahlkreisen. Das prominenteste Beispiel für diese Tendenz bei der Bundestagswahl 2021 war wohl Brandenburg, wo im Hauptstadtwahlkreis Potsdam – Potsdam-Mittelmark II – Teltow-Fläming II nicht nur Olaf Scholz und Annalena Baerbock antraten, sondern auch Linda Teuteberg als Nummer 1 der FDP-Landesliste.

Die systematische Bevorzugung städtischer Wahlkreise kann, wenn man von der Prominenz einzelner Personen absieht, verschiedene Gründe haben: So können die städtischen Kreisverbände schlicht besonders mitgliederstark sein, was ihnen ermöglicht, die Parteitage, die über die Aufstellung der Landesliste entscheiden, zu dominieren. Daneben haben Städte bei der Elitenrekrutierung einen Vorteil, weil es dort mehr Gelegenheiten gibt, politische, mediale oder finanzielle Netzwerke zu knüpfen, die bei der politischen Karriere hilfreich sind.[30] Bei Parteien mit urbanen Hochburgen kann die Strategie, die Kandidatinnen in diesen Hochburgen mit einem sicheren Listenplatz zu unterstützen, schließlich dabei helfen, dort möglichst viele Zweitstimmen zu gewinnen, von denen letztlich die gesamte Partei profitiert.

Aber spielt das überhaupt eine Rolle? Ist der Bundestag nicht so stark von Fraktionen und der in ihnen herrschenden Disziplin geprägt, dass die Herkunft der Abgeordneten vollkommen nachrangig ist? Die politikwissenschaftliche Forschung der letzten Jahre spricht eine andere Sprache. Sie hat mittlerweile umfangreiche Hinweise dafür gesammelt, dass Abgeordnete – und zwar auch Listenabgeordnete – den Interessen des Wahlkreises, in dem sie als Direktkandidaten angetreten sind, besondere Aufmerksamkeit schenken.[31]

Das Engagement von Johannes Kahrs und Rüdiger Kruse für Hamburger Kulturprojekte ist dabei nur ein besonders sichtbares Beispiel. Systematisch lassen sich solche Zusammenhänge etwa bei der Schließung oder Reduzierung von Bundeswehrstandorten zeigen, bei denen Wahlkreise, die Abgeordnete im Verteidigungsausschuss haben, oft verschont werden.[32] Dass Abgeordnete die Anliegen, die ihnen in ihrem geografischen Kontext begegnen, aktiv in ihre Politik einfließen lassen, ist auch nur rational. Schließlich hängt ihre politische Zukunft von diesem Engagement ab, denn sie wollen natürlich von ihrem Kreisverband wieder aufgestellt werden.[33]

Dabei ist das Heranschaffen von Geld und Arbeitsplätzen aus Sicht der einzelnen Wahlkreise natürlich ein wichtiger Effekt dieser Repräsentationsbemühungen. Aus der Perspektive des gesamten Bundestags sehr viel wichtiger ist aber die inhaltliche Ausrichtung der Abgeordneten. Nun ist nicht jede städtische Abgeordnete eine liberale Kosmopolitin. So vertrat etwa Erika Steinbach jahrelang den Wahlkreis Frankfurt am Main II im Bundestag. Grundsätzlich sind die städtischen Flügel von Parteien aber liberaler und kosmopolitischer als die ländlichen Flügel, man vergleiche nur die Berliner Grünen mit ihren Parteifreunden aus Baden-Württemberg. Daher stellen städtische Kreisverbände auch eher liberalere Kandidatinnen und Kandidaten auf.

Sichtbar wird dieser Effekt in den seltenen Fällen von Gewissensentscheidungen, in denen Abgeordnete unabhängig von einer Fraktionslinie abstimmen. Bei solchen Abstimmungen stimmen urbane Abgeordnete häufig anders ab als ihre ländlichen Fraktionskollegen.[34] Beispielsweise stimmten nur 17% der Unionsabgeordneten aus der ländlicheren Hälfte der Wahlkreise für die Ehe für alle. Unter Unionsabgeordneten aus der urbaneren Hälfte der Wahlkreise lag die Zustimmung mit 30% fast doppelt so hoch. Ein anderes Beispiel für den Wert lokaler Repräsentation ist ausgerechnet der Hauptstadtbeschluss: Kein anderer Faktor spielte für das Abstimmungsverhalten der Abgeordneten eine so große Rolle wie ihre geografische Herkunft.

Gewissensentscheidungen sind wertvoll, weil sie Präferenzen sichtbar machen, die sonst vom Schleier der Fraktionsdisziplin verhüllt werden. Der eigentliche Wert der Überrepräsentation dürfte aber bei all den anderen Entscheidungen liegen, in denen die Fraktionsdisziplin gilt: Hier haben überrepräsentierte Wahlkreise bessere Chancen, die Meinungsbildung der Fraktionen zu beeinflussen. Dazu trägt auch bei, dass diese Wahlkreise bei Machtverteilung und Karrierewegen innerhalb der einzelnen Fraktionen bessere Karten haben. Je mehr städtische Abgeordnete einer Fraktion angehören, desto mehr städtische Abgeordnete steigen auch in Führungsrollen auf.

Dieser Vorteil urbaner Wahlkreise dürfte sich besonders bei der Frage zeigen, welche Themen es überhaupt auf die Agenda des Bundestags schaffen, weil sie von hinreichend vielen Abgeordneten als dringlich empfunden werden. So benannten die befragten Abgeordneten in einer Studie der Politikwissenschaftlerin Ulrike Kennert die Relevanz für den Wahlkreis als eines der wichtigsten Kriterien dafür, welchen Themen sie Aufmerksamkeit schenken.[35] Wer der Bevölkerung den Puls fühlt, macht das vor allem am eigenen Wohnort und an der Parteibasis im eigenen Kreisverband. Dabei sammeln Abgeordnete aus städtischen Wahlkreisen naturgemäß andere Eindrücke als Abgeordnete aus ländlichen Wahlkreisen.

Das alles spricht dafür, dass ein urbanerer Bundestag auch urbanere Entscheidungen trifft. Hinzu kommt, dass eine Überrepräsentation auch mögliche Folgen für die Arbeit der Bundesregierung hat. Schließlich kann die Regierungsbildung die Effekte der geografischen Disproportionalität abmildern oder verstärken. So war die Große Koalition in den beiden letzten Legislaturperioden in praktisch allen Bundestagswahlkreisen mit mindestens einem Abgeordneten präsent – allein schon deshalb, weil Union und SPD fast alle Wahlkreise gewonnen hatten. Insofern ging die wachsende Disproportionalität im Bundestag kaum mit einer wachsenden Disproportionalität in der Bundesregierung einher.

Von den drei nach der Bundestagswahl 2021 im Prinzip möglichen Koalitionen wäre die große Koalition auch weiterhin die geografisch ausgewogenste Koalition gewesen. Die stattdessen gebildete Ampelkoalition wurde angesichts ihrer Wählerbasis dagegen verschiedentlich als Großstadtkoalition apostrophiert. Dieses Bild wird allerdings auch von der Zusammensetzung ihrer Fraktionen bestätigt, wofür vor allem die extrem urbane Fraktion der Grünen verantwortlich ist. Von den 409 Ampel-Abgeordneten, die als Direktkandidaten in einem Wahlkreis angetreten waren, kommen 177 aus der ländlicheren Hälfte der Wahlkreise, 232 aus der städtischeren. Eine echte Stadt-Land-Koalition wäre hingegen schwarz-grün gewesen – eine Konstellation, die jedoch weit von einer eigenen Mehrheit entfernt blieb.

Die Besonderheiten des deutschen Wahlrechts führen also dazu, dass städtische Wähler im Bundestag systematisch überrepräsentiert sind. Die meisten Wahlsysteme haben den umgekehrten Effekt. Am deutlichsten ist das in Mehrheitswahlsystemen wie den USA oder Großbritannien. Die Demokraten bzw. Labour gewinnen die städtischen Wahlkreise dort mit überwältigenden Mehrheiten, die ihnen aber nichts nützen: Jeder Wahlkreis stellt genau einen Abgeordneten, egal ob er mit 55% oder mit 75 % der Stimmen gewonnen wird. Deshalb kann die Partei des ländlichen Raums auch dann die Wahl gewinnen, wenn sie insgesamt weniger Stimmen erhält (das gilt auch bei Präsidentschaftswahlen, man denke nur an die Wahlsiege George W. Bushs und Donald Trumps).[36] Aber selbst Verhältniswahlsysteme können die städtische Linke effektiv benachteiligen, wenn sie die Sitze nach Kantonen, Bundesländern oder Provinzen verteilen.[37] Je mehr Einwohner eine Region hat, desto proportionaler werden Wählerstimmen in Parlamentssitze übersetzt – ein Effekt, von dem in einwohnerstarken urbanen Regionen also die dort schwächeren Parteien profitieren.

Politik in Berlin

Das Zusammenspiel von Erst- und Zweitstimme im deutschen Wahlrecht erzeugt also einen Sonderfall, der allerdings mehr als eine Kuriosität ist. Er verstärkt eine Verzerrung zugunsten der Städte, die ohnehin in gegenwärtigen politischen Karrierewegen angelegt ist. Denn die Biografien der Abgeordneten sind in den meisten Fällen urbane Biografien. In dem Maß, in dem der Bundestag akademischer wird, wird er fast automatisch urbaner: Für ein Studium zieht man fast immer in die Stadt. Selbst wenn Abgeordnete später aufs Land zurückkehren, bringen sie also urbane Erfahrungen mit, die sie in einer der formativsten Lebensphasen gesammelt haben. Dieser Effekt wird vom deutschen Wahlrecht unbeabsichtigt noch verstärkt.

Der heimatliche Wahlkreis ist aber nicht der einzige geografische Kontext, aus dem Abgeordnete ihre Vorstellung davon beziehen, welche Themen drängend sind. Der zweite wichtige geografische Kontext ist der Arbeitskontext: Das Parlament tagt, die Parteizentralen arbeiten in Berlin. Dieser Kontext beeinflusst die

Abgeordneten, vor allem aber die Mitarbeiterinnen und Mitarbeiter von Fraktionen und Parteien, weil diese in der Regel auch ihren Lebensmittelpunkt in Berlin haben.

Die Debatte über den Hauptstadtumzug zeigt, wie wichtig die Abgeordneten selbst die Rolle des Arbeitsorts für ihre Arbeit einschätzen: Abgeordnetenarbeit in einem großstädtischen Kontext sei eben nicht dasselbe wie Abgeordnetenarbeit in einer Mittelstadt. Auch das deutliche Nein zu dem Vorschlag, Parlament (Berlin) und Regierung (Bonn) zu trennen, zeigt, dass die Abgeordneten ihre Arbeit nicht als nüchterne Suche nach den Kompromisspunkten zwischen verschiedenen Interessen, sondern als in konkrete Kontexte eingebettete soziale Praxis verstanden. Genau das war ja das Argument Gregor Gysis für einen Hauptstadtumzug gewesen: dorthin zu gehen, «wo die meisten Probleme eines Landes kulminieren, um sich ihnen direkt zu stellen». Bloß ist Berlin gerade nicht typisch, sondern denkbar untypisch für das Land. Das gilt, wie wir gesehen haben, insbesondere für die innerhalb des S-Bahn-Rings gelegenen Bezirke, also für den Teil der Stadt, in dem Abgeordnete und Mitarbeiter arbeiten und letztere oft auch wohnen.[38]

Nun ist es sehr viel schwieriger, den Einfluss des Berliner Kontexts auf die politische Arbeit empirisch zu untersuchen als den Einfluss der Wahlkreise. 299 verschiedene Wahlkreise bedeuten 299 verschiedene Kontexte, aber die Hauptstadt ist für alle dieselbe. Allerdings sollte man den direkten Einfluss des Hauptstadtumfelds auf die Abgeordneten ohnehin nicht überschätzen. Die Abgeordneten selbst sind viel im Wahlkreis unterwegs und in den Sitzungswochen in Berlin in ein relativ enges politisches Netz eingespannt. Wichtiger ist daher vermutlich ein indirekter Einfluss des Hauptstadtumfelds: der über die Mitarbeiterinnen und Mitarbeiter der Abgeordneten, Parteizentralen und Ministerien.

Diese «ungewählten Politikgestalter» spielen eine wichtige, aber weithin unterschätze Rolle im Politikbetrieb, weshalb es auch relativ wenige Untersuchungen über sie gibt.[39] Dabei dürfte ihre Bedeutung seit dem Hauptstadtumzug kontinuierlich zugenommen haben. Das gilt zunächst einmal für die Mitarbeiter der Parteizentralen, die im Zuge der wachsenden Professionalisierung der Politik immer wichtiger geworden sind. Die Bundeszentralen haben insbesondere in den Volksparteien an Einfluss gewonnen, deren Verankerung in den Regionen durch die Schrumpfung und Überalterung ihrer Mitgliedschaft deutlich zurückgegangen ist.[40] Dabei profitieren die Mitarbeiter in den Parteizentralen auch von der wachsenden Instabilität in den Parteiführungen: Wenn Vorsitzende kommen und gehen, haben sie kaum Gelegenheit, den Apparat nach ihren Wünschen umzugestalten. Insofern ist es keine Überraschung, dass von den Parteizentralen «ein ausgeprägter Führungs- und Steuerungswille» artikuliert wird.[41]

Kaum weniger wichtig sind die Mitarbeiterinnen im Parlament. Die persönlichen Mitarbeiterinnen und Mitarbeiter und die Fraktionsreferentinnen spielen eine überragend wichtige Rolle für die Informationsversorgung der Abgeordneten.[42] Das gilt insbesondere in kleineren Fraktionen, in denen die Abgeordneten sich um eine größere Vielfalt an Themen kümmern müssen.[43] In dem Maße, in dem die Zersplitterung des Parteiensystem zu kleineren Fraktionen führt (ein Effekt, der momentan noch von den Ausgleichsmandaten kompensiert wird), sollte die Bedeutung der Mitarbeiter also noch weiter zunehmen.

Zudem sind die Mitarbeiterinnen und Mitarbeiter selbst mittlerweile ein wichtiges Nachwuchsreservoir für die aktive Politik. Seit 1983 untersucht die Zeitschrift für Parlamentsfragen nach jeder Bundestagswahl die Sozialstruktur des neugewählten Parlaments. Dabei werden die Abgeordneten danach klassifiziert, welchen Beruf sie vor ihrem Eintritt in den Bundestag (bzw. der Übernahme eines anderen hauptberuflichen Wahlamtes) ausgeübt hatten. Die mit Abstand größte Gruppe bilden seit jeher die Beamten, die ungefähr 30% aller Abgeordneten stellen. Erheblich zugenommen hat aber der Anteil der Parteimitarbeiter. Lag dieser vor der Wiedervereinigung noch bei etwa 4%, hat er sich inzwischen auf etwa 12% verdreifacht. Er ist damit inzwischen höher als der Anteil der Selbstständigen und schickt sich an, zum Anteil der Freiberufler aufzuschließen. Die Studienautorin Melanie Kintz bemerkte bereits 2014, dass «die verstärkte Rekrutierung von Abgeordneten aus dem eigenen Mitarbeiterkreis ein Trend ist, der nicht mehr nur auf die kleineren Parteien (Grüne, Linke) begrenzt ist».[44]

Die empirische Forschung zu diesen Mitarbeitern legt ihren Schwerpunkt auf die Frage nach ihrem «Rollenverständnis», also danach, inwiefern sie sich selbst als politische Akteure sehen.[45] Wenig überraschend haben viele von ihnen eigene politische Gestaltungsambitionen, wie ja auch der häufige Rollenwechsel in die aktive Politik zeigt. Es liegt nahe, dass diese Ambitionen nicht einfach identisch mit dem Parteiprogramm sind.

Direkte empirische Evidenz dafür gibt es allerdings nicht, weil die Forschung bislang kaum untersucht hat, welche konkreten politischen Anliegen die Mitarbeiter nach vorne tragen: «Der Parteimitarbeiter spielt [...] in der gegenwärtigen Berufspolitikerforschung bisher nur eine Nebenrolle und ist faktisch nicht empirisch erforscht», urteilt Sebastian Bukow in der bislang detailliertesten Studie über diese Mitarbeiter.[46] Allerdings zeigen internationale Studien, dass Mitarbeiter von Abgeordneten häufig verzerrte Vorstellungen von den Präferenzen der Wähler im Wahlkreis haben. Das ist sogar in Mehrheitswahlsystemen der Fall, in denen der Wahlkreis ja eigentlich eine überragende Bedeutung für das politische Fortkommen des Abgeordneten hat.[47] Diese Verzerrung hat natürlich nicht nur mit dem sozialen Kontext der Hauptstadt zu tun, sondern auch mit Faktoren wie dem Einfluss von Lobbyisten. Aber es liegt nahe, dass es durchaus eine Rolle spielt, welche Gruppen das soziale Umfeld dieser Mitarbeiter prägen.

Zudem zeigt die Forschung eine klare Akademisierung des Berufsfelds.[48] In vieler Hinsicht sind Parteimitarbeiter prototypische «soziokulturelle Experten», die Abschlüsse in Geistes-, Sozial- oder Rechtswissenschaften mitbringen und deren Arbeit zu einem erheblichen Teil aus Kommunikation besteht.[49] Diese Akademisierung dürfte, gemeinsam mit dem Kontext Berlin, auch zu einer Homogenisierung dieser Gruppe geführt haben. Überspitzt formuliert: In den Partei- und Fraktionszentralen der Bonner Republik arbeiteten Parteisoldaten, die ein Leben in Bonn in Kauf nahmen, um Politik machen zu können. In den Partei- und Fraktionszentralen der Berliner Republik dagegen arbeiten Kosmopoliten, die Politik in Kauf nehmen, um in Berlin leben zu können. Und während die erste Gruppe häufig in lokalen und regionalen Parteistrukturen und deren gesellschaftlichen Vorfeldorganisationen wie Gewerkschaften oder Kirchen verankert war, deren Perspektive sie in die Hauptstadt brachte, bewegt sich die zweite Gruppe in einem völlig anderen und viel stärker auf die Hauptstadt selbst bezogenen Umfeld.

Das könnte wiederum dazu beitragen, den Graben zwischen Parteizentralen auf der einen und Parteibasis und Wählern auf der anderen Seite zu vertiefen. Wenn Parteispitzen mit der Basis über Kreuz liegen, wird das häufig als Ausdruck davon gedeutet, dass Parteifunktionäre vor allem daran interessiert sind, ihre Partei in Regierungsämter zu führen und dafür auch inhaltliche Kompromisse eingehen.[50] Es mag aber auch Ausdruck einer wachsenden Entfremdung zwischen Parteizentralen und Parteibasis sein, die häufig diagnostiziert und ebenso oft beklagt worden ist.[51] In der Regel wird diese Entfremdung als Folge der Professionalisierung der Parteien gesehen. Es ist aber eine Professionalisierung, die in einem bestimmten sozialen Kontext, dem der Hauptstadt, erfolgt.

Dazu passt, dass der Konflikt zwischen Parteibasis und Parteizentrale häufig als Stadt-Land-Konflikt in Miniatur erscheint. Dabei war es lange die SPD, in der der Frust über das Willy-Brandt-Haus dominierte. So stellte eine Fehleranalyse des misslungenen SPD-Wahlkampfs von 2017 fest, es sei «in den Reihen der sozialdemokratischen FunktionsträgerInnen und in den Landesverbänden zum Volkssport geworden, mit Verachtung über ‹die in Berlin› herzuziehen, über das Willy-Brandt-Haus zu lamentieren».[52] Spätestens seit der Bundestagswahl 2021 ergießt sich nun in der Union derselbe Frust über die Parteizentrale. Bereits im August 2021 hatte der vom Spiegel zitierte Unionsabgeordnete Axel Müller offenbar den Untergang vor Augen: «Das Adenauerhaus kommt mir manchmal wie die Reichskanzlei im April/Mai 1945 vor, ihr arbeitet mit Divisionen, die es nicht mehr gibt, und schickt Rentner und die JU auf die Straße.» Und Carsten Linnemann verlangte auf dem Deutschlandtag der Jungen Union, «dass in Zukunft nicht das Kanzleramt entscheidet, sondern die Partei» – ein Zitat, das nebenbei viel über die wahre Machtverteilung in der späten Merkel-CDU verrät.[53]

Der politische Hauptstadtbetrieb unterhalb der Abgeordnetenebene ist in vieler Hinsicht eine Black Box, die von der Politikwissenschaft nur langsam geöffnet wird. Deshalb gibt es bislang kaum direkte empirische Evidenz dafür, dass er eine Quelle ungleicher Repräsentation ist. Die vorhandenen Indizien legen aber sehr nahe, dass auch in diesem Bereich der Kontext, in dem Menschen sich bewegen, einen wichtigen Einfluss auf ihre politischen Einstellungen hat. Das gilt insbesondere für die Frage, welche Themen sie als besonders wichtig wahrnehmen. Diese Frage wird umso wichtiger, je weniger sich die Parteien über inhaltliche Positionen und je mehr sie sich über die Dringlichkeit, die sie Themen einräumen, voneinander abgrenzen. Wenn alle etablierten Parteien für Klimaschutz sind, können sich die Grünen nicht mehr über ihre bloße Position profilieren. Stattdessen müssen sie sich über die Priorität, die sie dem Thema einräumen, von anderen Parteien absetzen.

Die Themen, die von den in den Berliner Innenstadtbezirken lebenden Mitgliedern des Politikbetriebs als dringlich wahrgenommen werden, sind demnach durch den spezifischen Kontext geprägt, den das vorherige Kapitel beschrieben hat: ein überaus internationales Umfeld, dem vor allem Mitarbeiter von Hochschulen, der Kulturbranche oder der Kreativwirtschaft angehören und in dem etwa Mitarbeiter von Konzernzentralen oder des produzierenden Gewerbes fast vollkommen fehlen – und Landbewohner natürlich erst recht. Es ist nur natürlich, dass dieses Umfeld der Berliner Politik eine Vorstellung von der Relevanz von Themen vermittelt, die stark von einem kosmopolitischen Weltbild geprägt ist.

Der Gegensatz von Berlin zu Bonn ist also bei der Frage des Kontextes besonders augenfällig. Die Bonner Republik wurde kleinstädtisch, die Berliner Republik wird großstädtisch regiert. Insofern gibt es strukturelle Gründe, warum es schwierig ist, aus einer Metropole heraus eine Politik zu betreiben, die nicht zu einer Politisierung von Stadt-Land-Gegensätzen führt. Dies ist keine Frage fehlenden oder bösen Willens, sondern ergibt sich fast zwangsläufig aus der kaum zu vermeidenden Kontextgebundenheit der eigenen Perspektive.

8
Eine Normalisierung?

Am Ende des Tatorts muss der Mörder überführt, muss die Lösung präsentiert werden, die die zuvor geschilderten Verwicklungen entwirrt. Nur äußerst selten erlaubt sich die ARD, ihr Publikum in einen ungewissen Sonntagabend zu entlassen. Ganz ähnlich scheinen sozialwissenschaftliche Bücher ihren Leserinnen und Lesern im Schlusskapitel eine Lösung für die zuvor diskutierten Probleme anbieten zu müssen. Die wachsende Ungleichheit ist ein Problem? Hier ist, was man tun kann, um sie zu bekämpfen. Die Demokratie ist in Gefahr? So machen wir sie wieder krisenfest!

In dem Versuch, möglichst «konstruktiv» zu enden, dementieren solche Schlusskapitel allerdings häufig die 200 Seiten, die ihnen vorausgehen. Denn während dort in aller Ausführlichkeit und Differenziertheit dargelegt wurde, warum ein Problem komplex ist, verschiedene Seiten und vielfältige Ursachen hat, reduzieren derartige Lösungsvorschläge es notwendigerweise auf wenige Dimensionen, die sich mit ebenso wenigen Stellschrauben regulieren lassen. Zwar erfüllen solche Lösungsvorschläge einen wichtigen politischen Zweck, weil sie dabei helfen, politischem Engagement ein Ziel und eine Richtung zu geben. Die Stärke sozialwissenschaftlicher Deutungsangebote, so ist zu hoffen, liegt aber in der Analyse, nicht in der Entwicklung politischer Programme.

Hinzu kommt, dass solche Vorschläge oft auf eine politische Debatte zielen, in der bereits kein Mangel an Lösungsansätzen herrscht. Das gilt auch bei den Gegensätzen zwischen Stadt und

Land. Schließlich bemühen sich Politik und Institutionen ja bereits seit einigen Jahren nach Kräften, der wachsenden Polarisierung materiell wie symbolisch etwas entgegenzusetzen. Dabei gibt es sowohl zur ökonomischen als auch zur kulturellen Dimension des Stadt-Land-Konflikts zahlreiche Ideen und Ansätze: Um das Gefühl eines wirtschaftlichen Niedergangs zu bekämpfen, aus dem sich der Frust der Landbevölkerung speise, müsse das Land ökonomisch gestärkt werden, durch Infrastrukturinvestitionen, den Bau von Universitäten oder gleich die direkte Ansiedelung von Arbeitsplätzen. Begleitet werden müssten solche Investitionen dann durch Maßnahmen, die dem Gefühl einer kulturellen Zurücksetzung entgegenwirken, etwa indem die Tagesthemen eine Rubrik «Tagesthemen mittendrin» einführen, um «Menschen, Regionen und die dort vorherrschenden Themen noch stärker in den Blickpunkt» zu nehmen.[1]

Bevor man überhaupt zu der Frage vordringt, ob solche Therapien geeignet sind, Stadt-Land-Konflikte zu entschärfen, stellt sich allerdings die Frage, ob sie ihre viel prosaischeren, unmittelbaren Ziele erreichen. So ist empirisch hochumstritten, ob sich ein ökonomisches Gefälle mit dem Mittel der sogenannten Regionalpolitik nachhaltig reduzieren lässt.[2] Wie begrenzt die Möglichkeiten sind, bestimmte Orte durch die Verlagerung von akademischen Arbeitsplätzen in die Wissensökonomie zu katapultieren, zeigt auch das beliebte Instrument der Behördenverlagerung: Nicht nur besteht die Gefahr, dass solche Maßnahmen vor allem bestehende Arbeitsplätze verdrängen;[3] häufig erhöhen sie vor allem das Pendleraufkommen, weil die in der Großstadt lebenden Beamten wenig Lust verspüren, ihrem Arbeitsplatz hinterher zu ziehen.[4]

Es gibt aber noch zwei gewichtigere Gründe, solche Lösungsvorschläge mit Skepsis zu betrachten. Zum einen hängen sie einer allzu einfachen Vorstellung von der Umkehrbarkeit sozialer

Prozesse an: Wenn man die Ursache eines Problems kenne, dann kenne man auch schon seine Lösung.[5] Wenn etwa ökonomische Probleme zu Frust und Frust zur Wahl der AfD führten, dann werde eine Stärkung der regionalen Wirtschaft diesen Frust wieder abbauen und die Wählerinnen und Wähler schließlich zurück zu den Parteien der linken und rechten Mitte führen.

Diese Logik ignoriert aber, dass politisches Verhalten sich leicht von seinen ursprünglichen Motiven entkoppeln kann. Zwar mag es sein, dass Wähler sich aus Frust von ihrer früheren Partei abgewendet haben. Die Gründe, warum sie einer neuen Partei die Stange halten, können aber ganz andere sein. Wie die SPD schmerzhaft feststellen musste, führte eine Revision der Agenda 2010 nicht automatisch dazu, dass Wähler, die sich enttäuscht abgewendet hatten, wieder zu ihr zurückkehrten. Schon psychologisch wiegen negative Erlebnisse viel schwerer als spiegelbildliche positive Erlebnisse.

Vor allem aber reproduzieren solche Lösungsvorschläge das Bild, der Stadt-Land-Gegensatz sei primär ein ländliches Phänomen, indem sie die vermeintliche «Lösung» für den Stadt-Land-Konflikt fast ausschließlich auf dem Land suchen. Das Landleben muss kulturell aufgewertet, seine ökonomischen Perspektiven müssen verbessert werden! Wie dieses Buch zu zeigen versucht hat, geht der wachsende politische Gegensatz zwischen Stadt und Land aber keineswegs nur vom Land aus. Zwar stimmt es, dass Frust und Verbitterung über die andere Seite vor allem ein ländliches Phänomen sind und dass politisch fast ausschließlich gegen die großen Städte und praktisch nie gegen das Land mobilisiert wird. Aber der Zusammenhang zwischen lokaler Identität und Wahlverhalten ist in den Städten nicht schwächer ausgeprägt als auf dem Land. Vielmehr sind es sogar die Stadtzentren, nicht die Dörfer, die sich in politischen Einstellungen und Wahlverhalten am stärksten vom Rest des Landes unterscheiden. Folglich ist nicht die AfD, sondern sind die Grünen die eigentliche Partei des Stadt-Land-Gegensatzes in Deutschland. Offenbar wird deshalb aber niemand auf die Idee kommen, man müsse die Grünenwählerinnen und -wähler für irgendetwas «zurückgewinnen», um die Stadt-Land-Polarisierung zu verringern.

Hinsichtlich der Positionierung der Großstädter in diesem Konflikt besteht aber noch großer Bedarf an genaueren Analysen, bevor man sich auf die Suche nach irgendwelchen Lösungen machen kann. Denn während mittlerweile gut erforscht ist, wie die Landbevölkerung diesen Konflikt wahrnimmt, warum sie frustriert ist und wie sie sich mobilisieren lässt, fehlen entsprechende Studien über Städter fast völlig. Nutzen die Städter einfach ihr urbanes Privileg, den Stadt-Land-Gegensatz ignorieren zu können, weil sie ja nicht seine Verlierer sind? Oder sind sie sehr wohl aktive Partei in diesem Konflikt – aber eben nicht aus Frust und Verbitterung, sondern aus anderen Motiven heraus? Wie die Analyse Berlins zeigt, nehmen die Städter in jedem Fall großen Einfluss auf die Dynamik des Konflikts, auch dann, wenn er ihnen selbst gar nicht sonderlich wichtig erscheinen mag.

Vielleicht ergibt sich die gewünschte Lösung des Problems aber auch ganz ohne das Zutun der Politik. Denn die Corona-Pandemie scheint den vermeintlich unaufhaltsamen Aufstieg der Städte fürs erste gestoppt oder sogar umgekehrt zu haben.

In den verschiedenen Lockdowns entdeckten viele Menschen die Nachteile des städtischen Lebens: enge Wohnungen, zu wenig Bewegung, zu viel Gedränge im Nahverkehr. Was bringen Clubszene und Craft-Beer-Bars, wenn sie ständig geschlossen sind? Entsprechend boomten Reportagen über Menschen, die der Stadt den Rücken gekehrt und auf dem Land ihr Glück gefunden haben. Das sind keine bloßen Anekdoten: Tatsächlich ging die Einwohnerzahl der deutschen Großstädte 2020 zum ersten Mal seit Jahren wieder leicht zurück.[6]

Doch nicht nur der urbane Lebensstil, auch die ökonomische Attraktivität der Städte scheint unter Druck geraten zu sein. Ist jetzt, 25 Jahre nach den ersten Ankündigungen, tatsächlich die Zeit der digitalen Arbeit aus dem Home Office gekommen? Werden sich die Unternehmen nicht einen guten Teil der saftigen Mieten in den Stadtzentren sparen und ihre Mitarbeiter in Zukunft nur noch zweimal pro Woche ins Büro kommen lassen? Und befinden sich der städtische Einzelhandel und die städtischen Kulturangebote nicht in einer existenziellen ökonomischen Krise?

Nun sprießt in Krisen häufig die Erwartung, durch die Krise werde alles ganz anders. In der Regel bleibt dann aber doch das meiste beim Alten. So wird sich erst einmal zeigen müssen, ob es im Home Office wirklich dauerhaft gelingen kann, Neues zu ersinnen, statt bloß Bestehendes zu verwalten. Dass ausgerechnet die Digitalindustrie sich besonders stark räumlich konzentriert, spricht eher dagegen. Und wer weiß schon, wie viele der neuen Vorstadtbewohner sich schon bald wieder nach dem Trubel des urbanen Lebens zurücksehnen werden?

Doch selbst wenn sich die Agglomerationseffekte dauerhaft abschwächen würden, folgte daraus noch keineswegs, dass Stadt-Land-Gegensätze politisch an Bedeutung verlieren. Denn dadurch würde zwar das Übergewicht der Städte reduziert, aber nicht notwendigerweise die politische Polarisierung zwischen Stadt und Land. Eine solche Entwicklung würde ja nahelegen, dass diejenigen, die bislang vor allem aus ökonomischer Zweckmäßigkeit in der Stadt leben, diese in Zukunft verlassen können. Dagegen würden diejenigen, die tatsächlich eine kulturelle Präferenz für ein urbanes Leben haben, dort und damit noch stärker unter sich bleiben. Dieser verstärkte Kompositionseffekt könnte wiederum zu noch stärkeren Kontexteffekten beitragen, sodass die Großstädter sich noch stärker vom Rest des Landes unterscheiden würden als bislang schon.

Vielleicht ist die Rückkehr des Stadt-Land-Konflikts aber ohnehin kein Anlass, hektisch nach Möglichkeiten zu suchen, wie man ihn wieder zum Verschwinden bringen kann. Weitet man den Blick über die deutschen Grenzen, dann kann man ihn nämlich auch als ein weiteres Element im Prozess einer Normalisierung des deutschen politischen Systems betrachten.

In dieser Perspektive gehört das Fehlen von Stadt-Land-Gegensätzen zu einer ganzen Reihe von Besonderheiten, die das politische System der Bundesrepublik charakterisiert hatten und die seit der Wiedervereinigung langsam verschwinden. So hatte die Bundesrepublik trotz des Verhältniswahlrechts lange ein Zweieinhalb-Parteien-System, wie man es sonst aus dem englischen Mehrheitswahlrecht kennt, später dann (bis 2005) ein Zwei-Blöcke-System. Das hatte damit zu tun, dass das Spielfeld für den Parteienwettbewerb in der alten Bundesrepublik sowohl am linken als auch am rechten Rand beschränkt gewesen war. Erst in den letzten 20 Jahren setzte dann ein Prozess der Fragmentierung ein, der in anderen europäischen Ländern schon sehr viel früher begonnen hatte. Die Fragmentierung des deutschen Parteiensystems liegt momentan etwa auf dem Niveau, das die Niederlande schon 2006 erreicht hatten.

Zu dieser Normalisierung gehört auch, dass in Deutschland, wie in fast allen anderen europäischen Ländern, mittlerweile eine rechtspopulistische Partei in den Parlamenten sitzt. Die Erfahrung des Nationalsozialismus hatte die Etablierung einer solchen Partei lange verhindert. Aber die strukturellen Prozesse, die solche Parteien nähren, waren natürlich auch in Deutschland am Werk. Heute finden sie auch hier eine parlamentarische Repräsentation.

Auch was die Existenz einer dominanten Hauptstadt angeht, erlebt Deutschland gerade eine Normalisierung. Solange Bonn Hauptstadt war, gehörte Deutschland zu den wenigen europäischen Ländern ohne eine eindeutige Metropole. Dieses Muster hielt sich nach der Wiedervereinigung noch mindestens bis zum Hauptstadtumzug im Jahr 1999 und faktisch noch eine weitere Dekade. Heute entwickelt sich Deutschland schrittweise in eine Richtung, die für andere europäische Länder typisch ist – und ist dabei noch weit von der Situation Frankreichs oder Englands entfernt. Die Art und Weise, wie Berlin heute die Politik prägt, verursacht natürlich Reibungen. Aber wie der Blick in die Geschichte zeigt, sind diese Reibungen ein regelmäßiger Begleiter von Urbanisierungsprozessen.

Trotzdem sind diese Prozesse natürlich keineswegs unproblematisch für das politische System. Das gilt für die Zersplitterung des Parteiensystems, die Regierungsbildungen erschwert und die Verantwortungszuschreibung diffus werden lässt. Es gilt für den Rechtspopulismus und seine offen zur Schau gestellte Verachtung demokratischer Institutionen. Und es gilt für die Stadt-Land-Polarisierung, die ja mit beiden Phänomenen zusammenhängt. Wie das Beispiel des Brexit zeigt, kann der rechtspopulistisch mobilisierte Frust abgehängter Regionen ein politisches System in eine auch institutionelle Dauerkrise stürzen.

Die Tatsache, dass fast alle europäischen Länder mit diesen Phänomenen konfrontiert sind, weist aber darauf hin, dass es vergebliche Liebesmüh sein dürfte, Strategien zu suchen, um diese Phänomene wieder zum Verschwinden zu bringen. Die politische Ordnung der alten Bundesrepublik kehrt nicht zurück. Wichtiger und aussichtsreicher erscheint es, von diesen anderen Ländern zu lernen, wie sie mit diesen Entwicklungen umgehen, was dabei gut und was weniger gut funktioniert. Wie gelingt die Regierungsbildung in einem Parteiensystem ohne

Volksparteien, aber mit sieben, acht oder zehn Parteien im Parlament? Wie kann es gelingen, dass Städter und Landbewohner ihre unterschiedlichen Interessen politisch repräsentiert finden? Wie kann ein politisches System sich polarisieren, ohne zu paralysieren?

Mehr über den Umgang mit als über die Ursachen von Stadt-Land-Gegensätzen nachzudenken, scheint umso dringlicher geboten, weil viel dafür spricht, dass die Bedeutung dieser Gegensätze in der deutschen Politik in den nächsten Jahren noch weiter zunimmt. Die Transformation der deutschen Wirtschaft von einem industriellen Modell zu einem Digitalmodell ist noch lange nicht abgeschlossen und dürfte die beschriebenen Tendenzen weiter verschärfen. Junge Menschen nehmen das Verhältnis von Stadt und Land heute als konflikthafter wahr als ihre Elterngeneration und dürften diese Wahrnehmung zunehmend in die Politik einbringen. Auf der linken Hälfte des parteipolitischen Spektrums sprechen schon demografische Gründe dafür, dass die Grünen mit ihrem eindeutigen urbanen Profil die SPD mittelfristig als führende Kraft ablösen werden. Und auf der rechten Hälfte ist zumindest vorstellbar, dass sich CDU/CSU in der Opposition endgültig für eine Anti-Großstadt-Strategie entscheiden, wie sie heute bereits von einigen ostdeutschen Landesverbänden verfolgt und wie sie in der Berlin-Kritik führender Bundespolitiker immer wieder angedeutet wird. All das lässt erwarten, dass der Konflikt die nächsten Bundestagswahlen noch stärker prägen dürfte als die des Jahres 2021.

Danksagung

Dieses Buch beschäftigt sich damit, wie der soziale Kontext die Entstehung von Ideen und die Wahrnehmung von Themen prägt – von Wählern, von politischen Eliten, aber natürlich auch von Autoren. Es ist während einer Pandemie entstanden, die es sehr erschwert hat, von den Anregungen und Impulsen eines lebendigen sozialen und beruflichen Umfelds zu profitieren. Umso dankbarer bin ich, dass trotzdem Anregungen, Hinweise und Kritik zahlreicher Kolleginnen und Kollegen in den Text eingeflossen sind. Hervorheben möchte ich besonders Björn Bremer, Nils Redeker, Reto Mitteregger und Sven Hegewald, die große Teile des Manuskripts gelesen und kommentiert haben. In Zürich gilt mein besonderer Dank Silja Häusermann, Simon Bornschier, Delia Zollinger, Marco Steenbergen, Ursina Storrer, Tabea Palmtag und Dominik Schraff für die Zusammenarbeit bei verschiedenen Projekten, die in das Buch eingeflossen sind. Für ihre akademische Gastfreundschaft danke ich Julian Garritzmann in Frankfurt sowie dem Wissenschaftskolleg zu Berlin, wo ich während eines Aufenthalts im August 2019 erste Skizzen für das Manuskript anfertigen konnte. Erwähnen möchte ich auch die Teilnehmerinnen und Teilnehmer der Doktorandenakademie der Studienstiftung 2021 in Plön, an denen ich verschiedene Ideen ausprobieren konnte. Bedanken möchte ich mich schließlich bei Matthias Hansl für das ausgezeichnete Lektorat und die von Beginn an sehr produktive Zusammenarbeit. Sie alle haben mich in der Überzeugung bestärkt, dass kein Online-Werkzeug den Ideenreichtum ersetzen kann, der aus einem persönlichen Austausch entsteht.

Tabellenanhang

Dieser Anhang enthält Regressionstabellen, die als Grundlage für die wichtigsten Abbildungen im Text fungieren bzw. die im Text gezeigten bivariaten Korrelationen multivariat unterlegen.

Tabelle A1 verdeutlicht, dass die in Abbildung 3.2, Abbildung 3.4 und Abbildung 3.6 gezeigten bivariaten Korrelationen zwischen Künstlerdichte und Parteiergebnis im Wahlkreis auch dann stabil sind, wenn man für gängige alternative Erklärungen, insbesondere ökonomischer Natur, kontrolliert. Außerdem verdeutlicht sie, dass die Künstlerdichte ein sehr viel besserer Prädiktor des Wahlverhaltens ist als die Bevölkerungsdichte.

Tabelle A2 ist die Grundlage für Abbildung 4.1 im Text. Sie zeigt, dass der Wohnort auch dann einen signifikanten Einfluss auf den Lebensstil hat, wenn man für Bildung, Alter, Migrationshintergrund, Einkommen und Konfession der Befragten kontrolliert. Das gilt nicht nur für die in Abbildung 4.1 abgebildete Frage danach, ob man schon einmal im Ausland gelebt hat, sondern auch für die Frage, ob man Filme in einer Fremdsprache schaut.

Tabelle A3 ist die Grundlage für die Abbildungen 5.1 und 5.2 im Text. Sie zeigt, dass der Wohnort einen stark signifikanten Einfluss auf die wahrgenommene Nähe zu Stadt- und Landbewohnern hat. Diese Nähe wiederum korreliert signifikant mit der Wahlabsicht, auch wenn man für viele andere Faktoren kontrolliert.

	(1) AfD	(2) Grüne	(3) CDU/CSU
Künstlerdichte	-6,354***	12,538***	-4,000***
	(0,620)	(0,592)	(0,888)
Ostdeutschland	10,734***	-4,266***	-9,432***
	(0,519)	(0,499)	(0,743)
Bevölkerungsdichte	0,974	1,767**	-0,058
	(0,602)	(0,577)	(0,862)
Verf. Einkommen HH	-0000	-0000**	0000
	(0000)	(0000)	(0000)
Handwerksbetriebe	1,033***	-0,887***	1,044***
	(0,134)	(0,129)	(0,192)
Arbeitslosenquote	0,118	-0,504***	-0,517**
	(0,111)	(0,106)	(0,158)
Ausländische Bevölkerung	0,074	-0,073+	-0,029
	(0,046)	(0,044)	(0,066)
Konstante	14,128***	-6,557**	29,208***
	(2,545)	(2,428)	(3,642)
N	299	295	299
r2	0,838	0,871	0,677

+ p<0,10; * p<0,05; ** p<0,01; *** p<0,001

Tabelle A1: Zusammenhang zwischen Künstlerdichte und Parteiergebnis, Wahlkreisebene

	(1) Schon im Ausland gelebt	(2) Filme fremdsprachig
Wohnort (Ref: <20.000 Einwohner)		
20 000–100 000 Einwohner	0,110	0,146
	(0,129)	(0,112)
> 100 000 Einwohner	0,560***	0,330**
	(0,127)	(0,117)
Berlin	0,784***	0,711**
	(0,228)	(0,221)
Alter (Ref: 18–29 Jahre)		
30–44 Jahre	0,372*	-0,483**
	(0,176)	(0,147)
45–59 Jahre	-0,042	-1,103***
	(0,176)	(0,144)
60+ Jahre	-0,060	-1,848***
	(0,177)	(0,155)
Bildung (Ref: keine/andere)		
Mittlere Reife	0,083	0,321*
	(0,157)	(0,145)
Abitur	0,523**	1,309***
	(0,180)	(0,159)
Universität	1,381***	1,612***
	(0,157)	(0,150)
Migrationshintergrund	**1,946*** **	**1,478*** **
	(0,118)	(0,117)
Einkommen, Geschlecht, Konfession	**Nicht abgebildet**	
N	3051	3055

+ p<0,10; * p<0,05; ** p<0,01; *** p<0,001

Tabelle A2: Logit für den Zusammenhang zwischen Wohnort und Lebensstil, Individualebene, auf Basis des ALLBUS 2016

	Nähe zu		Wahlabsicht	
	Landbe-wohner	Städter	AfD	Grüne
Künstlerdichte	-1,069***	1,164***		
	(0,107)	(0,102)		
Präferenz für Städter			-0,044+	0,042*
			(0,024)	(0,019)
Ostdeutschland	0,275+	0,035	0,612**	-1,140***
	(0,159)	(0,151)	(0,202)	(0,226)
Geschlecht: weiblich	0,214+	-0,099	-0,685***	0,306*
	(0,126)	(0,119)	(0,185)	(0,147)
Alter (Ref: 18–39)				
40–59	0,426**	0,143	0,325	-0,110
	(0,145)	(0,137)	(0,209)	(0,165)
60+	0,466**	0,288*	0,008	-0,267
	(0,152)	(0,144)	(0,229)	(0,180)
Bildung (Ref: niedrig)				
Mittel	-0,245	0,067	-0,367	0,414
	(0,185)	(0,175)	(0,238)	(0,255)
Hoch	-0,173	-0,025	-0,628*	0,805**
	(0,208)	(0,197)	(0,283)	(0,273)
Berufliche Klasse (Ref: Fr. Berufe)				
Produktionsarbeiter	0,971*	-0,961*	-0,220	-0,976+
	(0,481)	(0,456)	(0,607)	(0,575)
Soziokulturelle Experten	0,496	-0,278	-0,482	0,557
	(0,477)	(0,452)	(0,635)	(0,506)
Weitere Klassen		Nicht abgebildet		
Einkommen, Konfession, Migrationshintergrund		Nicht abgebildet		
N	1601	1603	1596	1596
r2	0,102	0,098		

+ p<0,10; * p<0,05; ** p<0,01; *** p<0,001; Modell 1 und 2: OLS, Modell 3 und 4: Logit.

Tabelle A3: Zusammenhang zwischen Wohnort, sozialer Identität und Wahlverhalten, Individualebene

Anmerkungen

Stadt, Land, Frust?

1 Wolfgang Kaschuba, «Die Rache der Dörfer», https://www.deutschlandfunkkultur.de/rechtspopulismus-die-rache-der-doerfer-100.html [letzter Zugriff: 16.12.2021].
2 Shannon M. Monnat und David L. Brown, «More than a rural revolt: Landscapes of despair and the 2016 Presidential election», in: *Journal of Rural Studies*, 55 (2017), S. 227–236.
3 Andrés Rodríguez-Pose, «The revenge of the places that don't matter», in: *Cambridge Journal of Regions, Economy and Society*, 11/1 (2017), S. 189–209.
4 Didier Eribon, *Rückkehr nach Reims*, Berlin 2016.
5 James D. Vance, *Hillbilly Elegy: A Memoir of a Family and Culture in Crisis*, New York 2016.
6 Katherine J. Cramer, *The Politics of Resentment – Rural Consciousness in Wisconsin and the Rise of Scott Walker*, Chicago 2016.
7 Michael Kenny und Davide Luca, «The urban-rural polarisation of political disenchantment: an investigation of social and political attitudes in 30 European countries», in: *Cambridge Journal of Regions, Economy and Society*, Online First (2021). Auch die mittlerweile fast in den Alltagsgebrauch übergegangene Unterscheidung zwischen «Anywheres» und «Somewheres», mit der David Goodhart den Aufstieg des Populismus erklärt, hat eine starke Stadt-Land-Komponente, vgl. David Goodhart, *The Road to Somewhere: The Populist Revolt and the Future of Politics*, London 2017.
8 Knut Bergmann, Matthias Diermeier und Judith Niehues, «Ein komplexes Gebilde. Eine sozio-ökonomische Analyse des Ergebnisses der AfD bei der Bundestagswahl 2017», in: *Zeitschrift für Parlamentsfragen*, 49/2 (2018), S. 243–264; Larissa Deppisch, Andreas Klärner und Torsten Osigus, «Ist die AfD in ländlichen Räumen besonders erfolgreich?», in: *Wissen schafft Demokratie: Schwerpunkt «Ländlicher Raum»*. Hrsg. Institut für Demokratie und Zivilgesellschaft, 2019, S. 75–87.
9 Timo Lehmann, «Heimspiel in Apolda», https://www.spiegel.de/politik/deutschland/friedrich-merz-beim-aschermittwoch-in-thueringen-heimspiel-in-apolda-a-0f280e94-64ce-46de-8077-62a258863ddb [letzter Zugriff: 16.12.2021].

10 Jacques Schuster und Kaja Klapsa, «Wer sich nicht impfen lässt, der muss dann eben die Kosten tragen», https://www.welt.de/politik/bundestagswahl/plus233833696/Spahn-zu-Bundestagswahl-SPD-will-aus-Deutschland-Berlin-Mitte-machen.html [letzter Zugriff: 16.12.2021].

11 Spiegel Online, «Benzinpreiserhöhung um 16 Cent ist bei Deutschen extrem unbeliebt», https://www.spiegel.de/politik/deutschland/umfrage-hoeherer-spritpreis-ist-bei-deutschen-extrem-unbeliebt-a-bea968c6-6034-402e-b4f4-2cb1d0ae1776 [letzter Zugriff: 28.08.2021].

12 IASS, «Soziales Nachhaltigkeitsbarometer der Energiewende 2019: Kernaussagen und Zusammenfassung der wesentlichen Ergebnisse», *Institut für transformative Nachhaltigkeitsforschung (IASS)* (2020).

13 Michael Bergmann, Tessa-Virginia Hannemann, Arne Bethmann und Alexander Schumacher, «Determinants of SARS-CoV-2 vaccinations in the 50+ population «, *SHARE Working Paper 72–2021* (2021).

14 Kaschuba, «Die Rache der Dörfer», a. a. O.

15 Enrico Moretti, *The New Geography of Jobs*, New York 2012; Torben Iversen und David Soskice, *Democracy and Prosperity. Reinventing Capitalism Through a Turbulent Century*, Cambridge 2019; Rodríguez-Pose, «The revenge of the places that don't matter», a. a. O.

16 Herbert Kitschelt, *The Transformation of European Social Democracy*, New York 1994; Hanspeter Kriesi et al., *West European Politics in the Age of Globalization*, Cambridge 2008; Silja Häusermann und Hanspeter Kriesi, «What Do Voters Want? Dimensions and Configurations in Individual-Level Preferences and Party Choice», in:*The Politics of Advanced Capitalism.* Hrsg. Pablo Beramendi et al., Cambridge 2015, S. 202–230.

17 Ronald F. Inglehart und Pippa Norris, «Trump, Brexit, and the rise of populism: Economic have-nots and cultural backlash», *KS Faculty Research Working Paper Series RWP16–026* (2016); Philip Manow, *Die Politische Ökonomie des Populismus*, Berlin 2018; Noam Gidron und Peter A. Hall, «The politics of social status: economic and cultural roots of the populist right», in: *British Journal of Sociology*, 68/S1 (2017), S. S57–S84.

18 Simon Bornschier, Céline Colombo, Silja Häusermann und Delia Zollinger, ‹How «Us› and ‹Them› Relates to Voting Behavior—Social Structure, Social Identities, and Electoral Choice», in: *Comparative Political Studies*, Online First (2021).

19 Michael J. Donnelly, «Material Interests, Identity and Linked Fate in Three Countries», in: *British Journal of Political Science*, 51/3 (2021), S. 1119–1137.

20 Jennifer Fitzgerald, *Close to Home: Local Ties and Voting Radical Right in Europe*, Cambridge 2018.

21 Rahsaan Maxwell, «Cosmopolitan Immigration Attitudes in Large Eu-

ropean Cities: Contextual or Compositional Effects?», in: *American Political Science Review*, 113/2 (2019), S. 1–19; Aina Gallego, Franz Buscha, Patrick Sturgis und Daniel Oberski, «Places and Preferences: A Longitudinal Analysis of Self-Selection and Contextual Effects», in: *British Journal of Political Science*, 46/3 (2016), S. 529–550.

22 Göran Therborn, *Cities of Power: The Urban, The National, The Popular, The Global*, London 2017; Heike Mayer, Fritz Sager, David Kaufmann und Martin Warland, *The Political Economy of Capital Cities* London 2018, siehe aber Klaus Von Beyme, *Hauptstadt Berlin. Von der Hauptstadtsuche zur Hauptstadtfindung*, Wiesbaden 2019.

23 Siehe aber kürzlich Julia Schwanholz und Patrick Theiner, Hrsg., *Die politische Architektur deutscher Parlamente*, Wiesbaden 2020 zur Parlamentsarchitektur.

24 Vgl. ähnlich für Schweden: Jonna Rickardsson, Charlotta Mellander und Lina Bjerke, «The Stockholm Syndrome: the view of the capital by the ‹Places Left Behind› », in: *Cambridge Journal of Regions, Economy and Society*, 14/3 (2021), S. 601–617.

25 Tagesspiegel, «Der S-Bahn-Ring – Berlins neue Grenze?», https://interaktiv.tagesspiegel.de/lab/abgeordnetenhauswahl-berlin-2021-karte-ergebnisse-wahlkreisergebnisse-stimmbezirke-ost-west-s-bahn-ring/ [letzter Zugriff: 19.12.2021].

26 Dante J. Scala und Kenneth M. Johnson, «Political Polarization along the Rural-Urban Continuum? The Geography of the Presidential Vote, 2000–2016», in: *Annals of the American Academy of Political and Social Science*, 672/1 (2017), S. 162–184.

27 Auf der Notwendigkeit der Unterscheidung Stadt/Land und Zentrum/Peripherie besteht Christophe Guilluy, *Twilight of the Elites: Prosperity, the Periphery, and the Future of France*, New Haven 2020. Dagegen sieht Andreas Reckwitz die beiden Begriffspaare zusammenfallen: «Die Stadt-Land-Differenz wird somit zu einer Differenz von Zentrum und Peripherie», vgl. Andreas Reckwitz, *Die Gesellschaft der Singularitäten. Zum Strukturwandel der Moderne*, Berlin 2017, hier S. 358.

28 Florian Meinel, *Vertrauensfrage. Zur heutigen Krise des Parlamentarismus*, München 2019.

29 Jane Gingrich und Julia Lynch, «Integrative institutions and mainstream party collapse: The regional context», *Working Paper* (2019).

Von Trump bis Macron: Ein Konflikt kehrt zurück

1 Werner Bätzing, *Das Landleben. Geschichte und Zukunft einer gefährdeten Lebensform*, München 2020, hier S. 67.

2 Paul Bairoch und Gary Goertz, «Factors of urbanisation in the nineteenth century developed countries: a descriptive and econometric analysis», in: *Urban Studies*, 23/4 (1986), S. 285–305.

3 Bätzing, *Das Landleben*, a. a. O., hier S. 99/100.
4 Seymour Martin Lipset und Stein Rokkan, *Party Systems and Voter Alignments. Cross-National Perspectives*, New York 1967.
5 Robert Ford und Will Jennings, «The Changing Cleavage Politics of Western Europe», in: *Annual Review of Political Science*, 23/1 (2020), S. 295–314.
6 Per F. Andersson, «Democracy, Urbanization, and Tax Revenue», in: *Studies in Comparative International Development*, 53/1 (2018), S. 111–150; Lucy Barnes, «Trade and redistribution: trade politics and the origins of progressive taxation», in: *Political Science Research and Methods*, 8/2 (2020), S. 197–214.
7 Peter Gourevitch, *Politics in Hard Times: Comparative Responses to International Economic Crises*, Ithaca 1986.
8 In den USA, die ein großer Lebensmittelexporteur waren, verlief die Konfliktlinie genau umgekehrt, vgl. Monica Prasad, *The Land of Too Much. American Abundance and the Paradox of Poverty*, Cambridge 2012.
9 Gourevitch, *Politics in Hard Times*, a. a. O., hier S. 106; Prasad, *The Land of Too Much*, a. a. O.
10 Cas Mudde und Cristóbal Rovira Kaltwasser, *Populism: A Very Short Introduction*, Oxford 2017, hier S. 23.
11 Ford und Jennings, «The Changing Cleavage Politics of Western Europe», a. a. O., hier S. 297.
12 Oliver Nachtwey, *Die Abstiegsgesellschaft. Über das Aufbegehren in der regressiven Moderne*, Berlin 2016.
13 Simon Kuznets, «Economic Growth and Income Inequality», in: *American Economic Review*, 45 (1955), S. 1–28.
14 Jeffrey G. Williamson, «Regional Inequality and the Process of National Development: A Description of the Patterns», in: *Economic Development and Cultural Change*, 13/4 (1965), S. 1–84.
15 Joan R. Rosés und Nikolaus Wolf, «Regional growth and inequality in the long-run: Europe, 1900–2015», in: *Oxford Review of Economic Policy*, 37/1 (2021), S. 17–48.
16 Nachtwey, *Die Abstiegsgesellschaft*, a. a. O., hier S. 31.
17 Bätzing, *Das Landleben*, a. a. O., hier S. 124.
18 Ibid., S. 153.
19 Reckwitz, *Die Gesellschaft der Singularitäten*, a. a. O., hier S. 45.
20 Ford und Jennings, «The Changing Cleavage Politics of Western Europe», a. a. O.
21 Carles Boix, *Democratic Capitalism at the Crossroads*, Princeton 2019.
22 Reckwitz, *Die Gesellschaft der Singularitäten*, a. a. O.
23 Wolf Linder, «Der Stadt-Land-Konflikt im Wandel der Zeit», in: *Städtische versus ländliche Schweiz?*, Hrsg. Georg Kreis, Zürich 2015, S. 61–

78; Daniele Mantegazzi, «The geography of political ideologies in Switzerland over time», in: *Spatial Economic Analysis*, 16/3 (2021), S. 378–396.

24 Stadt-Land-Unterschiede im Wahlverhalten und in den politischen Einstellungen in den USA sind mittlerweile von einer Vielzahl von Studien untersucht worden. Besonders anschaulich: James G. Gimpel, Nathan Lovin, Bryant Moy und Andrew Reeves, «The Urban–Rural Gulf in American Political Behavior», in: *Political Behavior*, 42/4 (2020), S. 1343–1368.

25 Mark Muro, Eli Byerly-Duke, Yang You und Robert Maxim, «Biden-voting counties equal 70% of America's economy. What does this mean for the nation's political-economic divide?», https://www.brookings.edu/blog/the-avenue/2020/11/09/biden-voting-counties-equal-70-of-americas-economy-what-does-this-mean-for-the-nations-political-economic-divide/ [letzter Zugriff: 26.08.2021].

26 Jonathan A. Rodden, *Why Cities Lose: The Deep Roots of the Urban-Rural Political Divide*, New York 2019.

27 Rodríguez-Pose, «The revenge of the places that don't matter», a. a. O.

28 Schotten und Nordiren stimmten mehrheitlich für Remain. Zu den Zahlen vgl. Anthony Barnett, *The Lure of Greatness: England's Brexit and America's Trump*, London 2017, hier S. 101.

29 Guilluy, *Twilight of the Elites*, a. a.O; Michaela Wiegel, «Der Aufstand der verschwindenden Mittelschicht», *Frankfurter Allgemeine Zeitung*, 24.11.2018.

30 Beispielhaft nennt eine Studie, die die österreichische Präsidentschaftswahl in einen vergleichenden Kontext stellt, 14 Mal den Namen «Norbert Hofer», während «Alexander van der Bellen» es auf ganze zwei Nennungen bringt, vgl. Jürgen Essletzbichler, Franziska Disslbacher und Mathias Moser, «The victims of neoliberal globalisation and the rise of the populist vote: a comparative analysis of three recent electoral decisions», in: *Cambridge Journal of Regions, Economy and Society*, 11/1 (2018), S. 73–94. Auch in Bezug auf Frankreich konzentrieren sich internationale Studien in der Regel auf die Erfolge des Rassemblement National bzw. Marine Le Pens, so Diane Bolet, «Local labour market competition and radical right voting: Evidence from France», in: *European Journal of Political Research*, 59/4 (2020), S. 817–841; Pauliina Patana, «Residential Constraints and the Political Geography of the Populist Radical Right: Evidence from France», in: *Perspectives on Politics*, (2021), S. 1–18; David Adler und Ben Ansell, «Housing and populism», in: *West European Politics*, 43/2 (2020), S. 344–365. Vgl. zu Macron aber Bruno Amable und Stefano Palombarini, *Von Mitterrand zu Macron. Über den Kollaps des französischen Parteiensystems*, Berlin 2018.

31 Leonardo Baccini und Stephen Weymouth, «Gone For Good: Deindus-

trialization, White Voter Backlash, and US Presidential Voting», in: *American Political Science Review*, 115/2 (2021), S. 550–567; J. Lawrence Broz, Jeffry Frieden und Stephen Weymouth, «Populism in Place: The Economic Geography of the Globalization Backlash», in: *International Organization*, 75/2 (2021), S. 464–494; Diane Bolet, «Drinking Alone: Local Socio-Cultural Degradation and Radical Right Support—The Case of British Pub Closures», in: *Comparative Political Studies*, Online First.

32 Vincenzo Emanuele, «The hidden cleavage of the French election: Macron, Le Pen and the urban-rural conflict», in: *The year of challengers? Issues, public opinion, and elections in Western Europe in 2017*. Hrsg. Lorenzo De Sio und Aldo Paparo, 2017.

33 Jana Lipps und Dominik Schraff, «Regional inequality and institutional trust in Europe», in: *European Journal of Political Research*, Online First (2020); Lewis Dijkstra, Hugo Poelman und Andrés Rodríguez-Pose, «The geography of EU discontent», in: *Regional Studies*, 54/6 (2020), S. 737–753; Kenny und Luca, «The urban-rural polarisation of political disenchantment», a. a. O. Frieder Mitsch, Neil Lee und Elizabeth Ralph Morrow, «Faith no more? The divergence of political trust between urban and rural Europe», in: Political Geography, Online First (2021).

34 Jeffrey Lyons und Stephen M. Utych, «You're Not From Here! The Consequences of Urban and Rural Identities», in: *Political Behavior*, Online First (2021).

35 Cramer, *Politics of Resentment*, a. a. O. Mir scheint die Übersetzung «Verbitterung» den Kern des Konzepts besser zu fassen als das ebenfalls mögliche «Ressentiment».

36 Twan Huijsmans, Eelco Harteveld, Wouter van der Brug und Bram Lancee, «Are cities ever more cosmopolitan? Studying trends in urban-rural divergence of cultural attitudes», in: *Political Geography*, Online First (2021). Siehe auch Davide Luca, Javier Terrero-Davila, Jonas Stein und Neil Lee, «Progressive Cities: Urban-rural polarisation of social values and economic development around the world», LSE International Inequalities Institute Working Paper No. 74 (2022)

37 Das entspricht auch den Befunden von Rahsaan Maxwell, vgl. Maxwell, «Cosmopolitan Immigration Attitudes in Large European Cities», a. a.O.; Rahsaan Maxwell, «Does living in ethnically-diverse big city neighborhoods affect immigration attitudes? Evidence from Germany», *Working Paper* (2020).

38 Huijsmans et al., «Are cities ever more cosmopolitan?», a. a. O., hier S. 11.

39 Die beste politologische und soziologische Forschung basiert auf Längsschnittstudien von Personen, deren Nachbarschaft sich verändert hat oder die selbst umgezogen sind. Während Studien über die

erste Gruppe durchaus Nachbarschaftseffekte finden, haben Studien über die zweite Gruppe Schwierigkeiten, starke Kontexteffekte zu identifizieren, vgl. Jacob R. Brown, «Partisan Conversion Through Neighborhood Influence: How Voters Adopt the Partisanship of their Neighbors and Reinforce Geographic Polarization», *Working Paper* (2021); Maxwell, «Cosmopolitan Immigration Attitudes in Large European Cities», a. a.O.; Gallego et al., «Places and Preferences», a. a. O.

40 Clément Bosquet und Henry G. Overman, «Why does birthplace matter so much?», in: *Journal of Urban Economics*, 110 (2019), S. 26–34; Raoul van Maarseveen, «The urban–rural education gap: do cities indeed make us smarter?», in: *Journal of Economic Geography*, 21/5 (2020), S. 683–714.

41 Chrismon, «Menschen in Deutschland wohnen nahe an den Wurzeln», https://chrismon.evangelisch.de/nachrichten/49002/menschen-deutschland-wohnen-nahe-den-wurzeln [letzter Zugriff: 19.12.2021].

42 Gregory J. Martin und Steven W. Webster, «Does residential sorting explain geographic polarization?», in: *Political Science Research and Methods*, 8/2 (2020), S. 215–231.

43 vgl. https://www.rbb24.de/panorama/beitrag/2018/08/die-geburtsorte-der-berliner.html [letzter Zugriff: 27.01.2022]

44 Maxwell, «Cosmopolitan Immigration Attitudes in Large European Cities», a. a.O.; Gallego et al., «Places and Preferences», a. a. O.

45 Armin Schäfer, *Der Verlust politischer Gleichheit: Warum die sinkende Wahlbeteiligung der Demokratie schadet*, Frankfurt 2015.

Polarisierung: Die politische Geografie der Bundestagswahl

1 Clemens Fuest und Lea Immel, «Ein zunehmend gespaltenes Land? Regionale Einkommensunterschiede und die Entwicklung des Gefälles zwischen Stadt und Land sowie West- und Ostdeutschland», in: *ifo Schnelldienst*, 72 (2019), S. 19–28.

2 Bertelsmann Stiftung, *Kommunaler Finanzreport 2019*, Gütersloh 2019; Michael Hüther, Jens Südekum und Michael Voigtländer, Hrsg., *Die Zukunft der Regionen in Deutschland. Zwischen Vielfalt und Gleichwertigkeit*, Köln 2019; Matthias Diermeier, «Ist mehr besser? Politische Implikationen der disparaten Daseinsvorsorge in Deutschland», in: *Zeitschrift für Politikwissenschaft*, 30/4 (2020), S. 539–568.

3 Bundesinstitut für Bau-, Stadt- und Raumforschung, *Raumordnungsprognose 2040. Bevölkerungsprognose: Ergebnisse und Methodik*, Bonn 2021.

4 Eurostat, *Population structure indicators by NUTS 2 region*, 2021.

5 Bundesministerium für Verkehr und digitale Infrastruktur, «Aktuelle Breitbandverfügbarkeit in Deutschland (Stand Mitte 2021)», Berlin 2021.

6 Statistische Ämter des Bundes und der Länder, «Krankenhausatlas 2016», https://krankenhausatlas.statistikportal.de/.

7 Philipp Fink, Martin Hennicke und Heinrich Tiemann, *Ungleiches Deutschland. Sozioökonomischer Disparitätenbericht 2019*, Bonn 2019.

8 Da die Wahlkreise nicht identisch groß sind, stimmt das nur näherungsweise.

9 Da Ostdeutschland insgesamt deutlich ländlicher ist als Westdeutschland, haben Parteien mit einem Ost-Schwerpunkt fast automatisch eine besonders ländliche Wählerschaft. Die gerade beschriebenen Trends zeigen sich aber ganz ähnlich, wenn man nur Westdeutschland betrachtet.

10 Ich danke der Künstlersozialkasse dafür, mir diese Daten zur Verfügung gestellt zu haben.

11 Michael Fritsch und Michael Stuetzer, «The geography of creative people in Germany revisited», in: *The creative class goes global.* Hrsg. Charlotta Mellander et al., London 2013, S. 232–248.

12 Deppisch et al., «Ist die AfD in ländlichen Räumen besonders erfolgreich?», a. a. O.

13 Bergmann et al., «Ein komplexes Gebilde», a. a. O.

14 Prognos, *ZDF Deutschland-Studie 2018*, 2018.

15 Diermeier, «Ist mehr besser?», a. a. O.

16 Thomas Kurer, «The Declining Middle: Occupational Change, Social Status, and the Populist Right», in: *Comparative Political Studies*, 53/10-11 (2020), S. 1798–1835; Manow, *Die Politische Ökonomie des Populismus*, a. a. O.

17 Vgl. hierzu ausführlich Lukas Haffert, «The Long-Term Effects of Oppression: Prussia, Political Catholicism and the Alternative für Deutschland», in: *American Political Science Review*, Online First (2021).

18 Abgebildet sind hier simple bivariate Korrelationen. Der negative Zusammenhang zwischen Bevölkerungsdichte und AfD-Wahl bleibt aber bestehen, wenn man für andere Faktoren wie Unterschiede im Einkommen kontrolliert. Für das volle Regressionsergebnis, siehe Tabelle A1 im Tabellenanhang.

19 Hier und in den folgenden Analysen verwende ich eine logarithmierte Skala, um die Urbanität zu messen.

20 Sebastian Kurtenbach, *Räumliche Aspekte des Rechtspopulismus*, Düsseldorf 2019; Jan Lucas Geilen und Daniel Mullis, «Polarisierte Städte: Die AfD im urbanen Kontext. Eine Analyse von Wahl- und Sozialdaten in sechzehn deutschen Städten», in: *Geographica Helvetica*, 76 (2021), S. 129–141.

21 Dabei untersuche ich das Ergebnis in Berlin auf Ebene der Postleitzahlbezirke, in den anderen Städten auf Ebene der Stadtteile.

22 Andreas Stifel, *Vom erfolgreichen Scheitern einer Bewegung. Bündnis 90/Die Grünen als politische Partei und soziokulturelles Phänomen*, Wiesbaden 2018, hier S. 166 ff.

23 Martin Dolezal, «Exploring the Stabilization of a Political Force: The Social and Attitudinal Basis of Green Parties in the Age of Globalization», in: *West European Politics*, 33/3 (2010), S. 534–552.

24 Nähme man die CSU aus den westdeutschen Ergebnissen heraus, wäre das Bild sehr ähnlich.

25 Die ersten Äußerungen des neuen Parteivorsitzenden Friedrich Merz deuten allerdings nicht darauf hin, dass er die Union näher an die AfD heranzuführen plant. Vielmehr scheint er den Spielraum, den ihm sein konservatives Profil verschafft, für eine besonders klare Abgrenzung zur AfD nutzen zu wollen.

26 Siehe insbesondere Meinel, *Vertrauensfrage*, a. a. O.

27 Adam Przeworski, *Krisen der Demokratie*, Berlin 2020, hier S. 15.

28 Nun ist die Existenz einer Metropole keine zwingende Voraussetzung für das Aufkommen von Stadt-Land-Konflikten: Die Schweiz etwa hat keine eindeutige Metropole und doch einen sehr tiefen politischen Stadt-Land-Graben. Auch in den USA verteilen sich die Metropolfunktionen schon ob der Größe des Landes auf verschiedene Städte. Wie ich argumentieren werde, erleichtert die Existenz einer Metropole aber die Politisierung dieses Konflikts und beeinflusst auch den politischen Betrieb.

Städte von heute: Wissensökonomie und kreative Klasse

1 Für eine genauere Beschreibung der hier verwendeten Daten, siehe Simon Bornschier et al., «Identity Formation between Structure and Agency – How ‹Us› and ‹Them› Relates to Voting Behavior in Contexts of Electoral Realignment», *Working Paper* (2021).

2 Branko Milanovic, *Global Inequality A New Approach for the Age of Globalization*, Cambridge 2016; Thomas Piketty, *Capital in the 21st Century*, Cambridge 2014.

3 Frances Cairncross, *The Death of Distance: How the Communications Revolution Will Change Our Lives*, Cambridge 1997, eigene Übersetzung.

4 Thomas Friedman, *The World Is Flat: A Brief History of the Twenty-first Century*, New York 2005.

5 Diesen Ratschlag gibt auch Jens Südekum, der beste Kenner von Agglomerationseffekten in Deutschland: Jens Südekum, «Was Corona für Großstädte bedeutet», *Handelsblatt*, 29.09.2020.

6 Diese Einteilung folgt Diego Puga, «The Magnitude and Causes of Agglomeration Economies», in: *Journal of Regional Science*, 50/1 (2010), S. 203–219; Gilles Duranton und Diego Puga, «Micro-Foundations of

Urban Agglomeration Economies», in: *Handbook of Regional and Urban Economics.* Hrsg. V. Henderson und J.-F. Thisse, Amsterdam 2004, S. 2063–2117.

7 Moretti, *The New Geography of Jobs,* a. a. O., hier S. 132 ff.

8 Tatsächlich investieren Risikokapitalgeber vor allem in Firmen in räumlicher Nähe: Olav Sorenson und Toby E. Stuart, «Syndication Networks and the Spatial Distribution of Venture Capital Investments», in: *American Journal of Sociology,* 106/6 (2001), S. 1546–1588.

9 Wolfgang Dauth, Sebastian Findeisen, Enrico Moretti und Jens Suedekum, «Matching in Cities», *NBER Working Paper No. 25227* (2018); Moretti, *The New Geography of Jobs,* a. a. O., hier S. 126 ff.

10 Jorge De La Roca und Diego Puga, «Learning by Working in Big Cities», in: *The Review of Economic Studies,* 84/1 (2016), S. 106–142.

11 Edward L. Glaeser, *Triumph of the City: How Our Greatest Invention Makes Us Richer, Smarter, Greener, Healthier, and Happier,* New York 2011, hier S. 36; Moretti, *The New Geography of Jobs,* a. a. O., hier S. 89.

12 Dauth et al., «Matching in Cities» , a. a. O., hier S. 1

13 Glaeser, *Triumph of the City,* a. a. O., hier S. 36; Sergey Lychagin, Joris Pinkse, Margaret E. Slade und John Van Reenen, «Spillovers in space: does geography matter?», in: *Journal of Industrial Economics,* 64/2 (2016), S. 295–335.

14 Glaeser, *Triumph of the City,* a. a. O., hier S. 36, eigene Übersetzung.

15 Iversen und Soskice, *Democracy and Prosperity,* a. a. O.

16 Moretti, *The New Geography of Jobs,* a. a. O., hier S. 179.

17 David H. Autor, «Work of the Past, Work of the Future», in: *American Economic Review Papers and Proceedings,* 109 (2019), S. 1–32.

18 Silja Häusermann, Thomas Kurer und Hanna Schwander, «High-skilled outsiders? Labor market vulnerability, education and welfare state preferences», in: *Socio-Economic Review,* 13/2 (2014), S. 235–258.

19 Laut Antwort der Bundesregierung auf eine kleine Anfrage der FDP lag das Durchschnittseinkommen der KSK-Versicherten 2019 gerade einmal bei etwa 18 000 €, vgl. https://dserver.bundestag.de/btd/19/214/1921499.pdf

20 Auch das ist allerdings eine Vereinfachung, für eine Ausdifferenzierung vgl. Bätzing, a. a. O., S. 246 ff.

21 Eribon, *Rückkehr nach Reims,* a. a. O.

22 https://thisisnotdetroit.tumblr.com/.

23 Cramer, *Politics of Resentment,* a. a.O.; Arlie R. Hochschild, *Strangers in Their Own Land: Anger and Mourning on the American Right,* New York 2016; Vance, *Hillbilly Elegy,* a. a. O.

24 Wolfgang Dauth, Sebastian Findeisen und Jens Südekum, «Verlierer(-regionen) der Globalisierung in Deutschland: Wer? Warum? Was tun?», in: *Wirtschaftsdienst,* 97/1 (2017), S. 24–31.

25 Richard Florida, *The Rise of the Creative Class: And how It's Trans-*

forming Work, Leisure, Community and Everyday Life, New York 2002.

26 Reckwitz, *Die Gesellschaft der Singularitäten*, a. a. O.

27 Edward. L. Glaeser, Jed Kolko und Albert Saiz, «Consumer City», in: *Journal of Economic Geography*, 1/1 (2001), S. 27–50.

28 Oliver Falck, Michael Fritsch und Stephan Heblich, «The phantom of the opera: Cultural amenities, human capital, and regional economic growth», in: *Labour Economics*, 18/6 (2011), S. 755–766.

29 Clubcommission, *Clubkultur Berlin*, Berlin 2019.

30 Glaeser, *Triumph of the City*, a. a. O., hier S. 119.

31 Ibid., S. 127–129; Moretti, *The New Geography of Jobs*, a. a. O., hier S. 130; Iversen und Soskice, *Democracy and Prosperity*, a. a. O., hier S. 192.

32 Barbara S. Grave und Christoph M. Schmidt, «The Dynamics of Assortative Mating in Germany», *Ruhr Economic Papers No 346* (2012).

33 Dora L. Costa und Matthew E. Kahn, «Power Couples: Changes in the Locational Choice of the College Educated, 1940–1990*», in: *The Quarterly Journal of Economics*, 115/4 (2000), S. 1287–1315.

34 Michaela Axtner, Astrid Birmann und Andreas Wiegner, «Mobil leben – Professoren als Wochenendpendler», in: *Nationalatlas Bundesrepublik Deutschland – Leben in Deutschland.* Hrsg. Leibniz-Institut für Länderkunde, 2006, S. 76–77.

35 Kitschelt, *The Transformation of European Social Democracy*, a. a. O.

36 So finden sich in der Literatur die Unterscheidungen von «libertär» und «autoritär», vgl. Ibid., «kosmopolitisch» und «kommunitaristisch», vgl. P. De Wilde, R. Koopmans und W. Merkel, *The Struggle Over Borders: Cosmopolitanism and Communitarianism*, Cambridge 2019 oder «universalistisch» und «partikularistisch», so bei Häusermann und Kriesi, «What Do Voters Want?», a. a. O. Mit Substantiven arbeitet die Unterscheidung in «Integration» und «Abgrenzung», vgl. Kriesi et al., *West European Politics in the Age of Globalization*, a. a. O. Mit mehreren Begriffen behilft sich die Unterscheidung in «GAL» (Green/alternative/left) und «TAN» (traditionalist/authoritarian/nationalist), vgl. Liesbet Hooghe und Gary Marks, «Cleavage theory meets Europe's crises: Lipset, Rokkan, and the transnational cleavage», in: *Journal of European Public Policy*, 25/1 (2018), S. 109–135.

37 Florida, *Rise of the Creative Class*, a. a. O., hier S. 56.

38 Daniel Oesch, *Redrawing the Class Map. Stratification and Institutions in Britain, Germany, Sweden and Switzerland*, Basingstoke 2006.

39 Herbert Kitschelt und Philipp Rehm, «Occupations as a Site of Political Preference Formation», in: *Comparative Political Studies*, 47/12 (2014), S. 1670–1706.

40 Daniel Oesch, «The Class Basis of the Cleavage between the New Left and the Radical Right: an analysis for Austria, Denmark, Norway and

Switzerland», in: *Class Politics and the Radical Right.* Hrsg. Jens Rydgren, London 2012, S. 31–51, hier S. 34, eigene Übersetzung.

41 In der Klassifikation der Berufe folge ich Melanie Arntz, Eduard Brüll und Cäcilia Lipowski, «Do Preferences for Urban Amenities Really Differ by Skill?», *ZEW – Centre for European Economic Research Discussion Paper No. 21–045* (2021). Ein Maß für die «soziokulturellen Experten» nach Oesch fehlt hier, weil im Herbst 2021 noch kein Umsteigeschlüssel von der Klassifikation der Berufe auf die von Oesch verwendeten ISCO-Codes verfügbar war. Das Ergebnis wäre aber zweifellos sehr ähnlich.

42 Es ist zu beachten, dass es sich hier nur um sozialversicherungspflichtig Beschäftigte handelt, dass Akademiker, die freiberuflich oder als Beamte arbeiten, also nicht berücksichtigt sind.

43 Quelle: Eigene Berechnung mit Daten von Bundesagentur für Arbeit, *Sozialversicherungspflichtig Beschäftigte nach ausgewählten Merkmalen (Quartalszahlen)*, 2021. Bundesagentur für Arbeit, *Sozialversicherungspflichtige Beschäftigte aller Kreise in Deutschland (Arbeitsort) nach Berufsgruppe*, 2021. Thünen-Institut für Ländliche Räume, *Landatlas*, Braunschweig 2021.

44 Reckwitz, *Die Gesellschaft der Singularitäten*, a. a. O., hier S. 275.

45 Ibid., S. 283.

46 Ibid., S. 274–275.

47 Ibid., S. 308.

48 Nils Kumkar und Uwe Schimank, «Drei-Klassen-Gesellschaft? Bruch? Konfrontation? Eine Auseinandersetzung mit Andreas Reckwitz' Diagnose der ‹Spätmoderne›», in: *Leviathan*, 49/1 (2021), S. 7–32.

49 Daten aus dem ALLBUS 2016, vgl. GESIS, «Allgemeine Bevölkerungsumfrage der Sozialwissenschaften. ALLBUS 2016».

50 Vgl. Tabelle A2 im Tabellenanhang.

51 Lutz Raphael, *Jenseits von Kohle und Stahl. Eine Gesellschaftsgeschichte Westeuropas nach dem Boom*, Berlin 2019, hier S. 463.

52 Jane Gingrich und Silja Häusermann, «The decline of the working-class vote, the reconfiguration of the welfare support coalition and consequences for the welfare state», in: *Journal of European Social Policy*, 25/1 (2015), S. 50–75; Jane Gingrich, «A New Progressive Coalition? The European Left in a Time of Change», in: *The Political Quarterly*, 88/1 (2017), S. 39–51; Daniel Oesch und Line Rennwald, «Electoral competition in Europe's new tripolar political space: Class voting for the left, centre-right and radical right», in: *European Journal of Political Research*, 57/4 (2018), S. 783–807.

53 Iversen und Soskice, *Democracy and Prosperity*, a. a.O.; Silja Häusermann, Michael Pinggera, Macarena Ares und Matthias Enggist, «Class and social policy in the knowledge economy», in: *European Journal of Political Research*, Online First (2021).

54 Michael Pinggera, «Place and Policy Preferences. Geographic Disparities in Attitudes towards Social Policies in Germany», *Unpublished Manuscript* (2021).
55 Siehe auch Michael Sandel, *The Tyranny of Merit: What's Become of the Common Good?*, New York 2020.
56 Häusermann und Kriesi, «What Do Voters Want?», a. a. O.
57 Ibid.
58 Investitionsbank Berlin, *IBB Wohnungsmarktbericht 2019*, Berlin 2020.
59 Genau diese Verschränkung ökonomischer und kultureller Aspekte erfasst das oben und im Folgenden verwendete Maß der KSK-Versicherten besonders gut. Grundsätzlich leben Künstlerinnen und Künstler weit überproportional in großen Universitätsstädten, also an Orten, wo die Grundvoraussetzungen für ökonomische Agglomerationseffekte erfüllt sind. Innerhalb dieser Städte ballen sie sich aber in den Stadtvierteln, in denen die Träger eines kosmopolitischen Lebensstils dominieren.

Mobilisierungspotentiale: Wir und die Anderen

1 Bornschier et al., «How ‹Us› and ‹Them› Relates to Voting Behavior», a. a. O. Delia Zollinger, «Cleavage Identities in Voters' Own Words: Harnessing Open-Ended Survey Responses», *Working Paper* (2021).
2 Katherine J. Cramer, «Putting inequality in its place: Rural consciousness and the power of perspective», in: *American Political Science Review*, 106/3 (2012), S. 517–532.
3 Fitzgerald, *Close to Home*, a. a. O.
4 Anssi Paasi, «The resurgence of the ‹Region› and ‹Regional Identity›: theoretical perspectives and empirical observations on regional dynamics in Europe», in: *Review of International Studies*, 35 (2009), S. 121–146.
5 Julia Klöckner und Horst Seehofer, «Was die Heimatpolitik schaffen soll», *Frankfurter Allgemeine Zeitung*, 02.02.2019.
6 Robert Habeck, «Wir müssen uns trauen, über Heimat zu reden», *Frankfurter Allgemeine Zeitung*, 07.10.2017.
7 Hunter Shobe, «Place, identity and football: Catalonia, Catalanisme and Football Club Barcelona, 1899–1975», in: *National Identities*, 10/3 (2008), S. 329–343.
8 Stellvertretend für viele: Stefan Willeke, «Verlierer der Herzen», *Die Zeit*, 21.04.2021.
9 Daniel Ziblatt, Daniel Bischof und Hanno Hilbig, «Wealth of Tongues: Why Peripheral Regions Vote for the Radical Right in Germany», *Working Paper* (2021).
10 Eigene Berechnung auf Basis von Nicholas Charron, Victor Lapuente und Monika Bauhr, «Sub-national Quality of Government in EU Mem-

ber States: Presenting the 2021 European Quality of Government Index and its relationship with Covid-19 indicators», *The QoG Working Paper Series 2021:4* (2021).

11 B. Kal Munis, «Us Over Here Versus Them Over There...Literally: Measuring Place Resentment in American Politics», in: *Political Behavior*, Online First (2020).

12 Lyons und Utych, «You're Not From Here!», a. a. O.

13 Nicholas F. Jacobs und B. Kal Munis, «Place-Based Imagery and Voter Evaluations: Experimental Evidence on the Politics of Place», in: *Political Research Quarterly*, 72/2 (2018), S. 263–277.

14 Lukas Haffert, Tabea Palmtag und Dominik Schraff, «Appealing to the local voter: Place-based campaigning and the supply-side of the urban-rural divide», *Working Paper* (2022)

15 Für eine systematische Validierung dieser Frage, vgl. Bornschier et al., «How ‹Us› and ‹Them› Relates to Voting Behavior», a. a. O.

16 Für die Regression, auf der Abbildung 5.1 basiert, siehe Tabelle A3 im Tabellenanhang.

17 Sven Hegewald und Dominik Schraff, «Affective polarization across place: How place-based affect shapes voting behaviour along the cosmopolitan-nationalist divide in Germany», *Working Paper* (2021).

18 Julia Schulte-Cloos und Paul C. Bauer, «Local Candidates, Place-Based Identities, and Electoral Success», in: *Political Behavior*, Online First (2021).

19 Tom Kemeny und Michael Storper, «The fall and rise of interregional inequality: explaining shifts from convergence to divergence», in: *Scienze Regionali*, 19/2 (2020), S. 175–198; Autor, «Work of the Past, Work of the Future», a. a. O.

20 Rune Stubager, «Education-based group identity and consciousness in the authoritarian-libertarian value conflict», in: *European Journal of Political Research*, 48/2 (2009), S. 204–233.

21 Zollinger, «Cleavage Identities in Voters' Own Words, a. a. O.

22 Fitzgerald, *Close to Home*, a. a. O.

23 Mudde und Rovira Kaltwasser, *Populism*, a. a. O.

24 Die folgenden Überlegungen basieren auf meinem Essay «Metropole des Populismus», in: *Merkur*, 72/825 (2018), S. 71–76.

25 Jan-Werner Müller, *Was ist Populismus? Ein Essay*, Berlin 2016.

26 Linus Westheuser, «Populism as Symbolic Class Struggle. Homology, Metaphor, and English Ale», in: *Partecipazione e Conflitto*, 13/1 (2020), S. 256–283.

27 Ibid., S. 258.

28 Erstaunlicherweise hat sich die Forschung bislang relativ wenig mit der Frage beschäftigt, wie Populisten die Elite konstruieren: «Few authors have theorized over the Nature of the Elite», so Mudde und Rovira Kaltwasser, *Populism*, a. a. O., hier S. 11.

29 Alexander Gauland, «Warum muss es Populismus sein?» *Frankfurter Allgemeine Zeitung*, 06.10.2018
30 Reckwitz, *Die Gesellschaft der Singularitäten*, a. a. O., hier S. 308.
31 Cas Mudde, *The Far Right Today*, Cambridge 2019, hier S. 36.
32 Koen Abts, Emmanuel Dalle Mulle, Stijn Kessel und Elie Michel, «The Welfare Agenda of the Populist Radical Right in Europe: Combining Chauvinism, Producerism, and Populism», in: *Swiss Political Science Review*, 27/1 (2021), S. 21–40; Philip Rathgeb, «Makers against takers: the socio-economic ideology and policy of the Austrian Freedom Party», in: *West European Politics*, 44/3 (2021), S. 635–660.
33 Westheuser, «Populism as Symbolic Class Struggle», a. a. O., hier S. 260.

Berlin: Metropole und Metropolenkritik

1 Deutscher Bundestag, «Plenarprotokoll. Stenografischer Bericht der 34. Sitzung der 12. Wahlperiode», hier S. 2862.
2 David Clay Large, *Berlin. Biographie einer Stadt*, München 2002, hier S. 25.
3 Ibid., S. 61.
4 Zitiert nach ibid., S. 27.
5 Ralf Stremmel, *Modell und Moloch: Berlin in der Wahrnehmung deutscher Politiker vom Ende des 19. Jahrhunderts bis zum Zweiten Weltkrieg*, Bonn 1992, hier S. 184.
6 Andrew Lees, «Berlin in der Vorstellungswelt der Deutschen: Eine Fallstudie zu der Auseinandersetzung mit dem Phänomen Großstadt», in: *Berlin: Blicke auf die deutsche Metropole.* Hrsg. Gerhard Brunn und Jürgen Reulecke, Essen 1989, S. 45–67, hier S. 65.
7 Stremmel, *Modell und Moloch*, a. a. O., hier S. 159.
8 Ibid., S. 234.
9 Ibid., S. 233.
10 Detlef Lehnert, «Fragmentierte Gesellschaft und moderne Massenbewegungen. Zur politischen Kultur der Berliner Republikzeit», in: *Im Banne der Metropolen: Berlin und London in den zwanziger Jahren.* Hrsg. Peter Alter, Göttingen 1993, S. 196–218, hier S. 204.
11 Andrew Lees, *Cities Perceived: Urban Society in European and American Thought, 1820–1940*, Manchester 1985, hier S. 142–148.
12 Kurt Tucholsky, «‹Berlin und die Provinz› (unter dem Pseudonym Ignaz Wrobel)» In *Kurt Tucholsky: Gesammelte Werke in 10 Bänden. Band 6, 1928*, Reinbek bei Hamburg 1975 [1928], S. 70–73.
13 Large, *Berlin*, a. a. O., hier S. 196.
14 Gerhard Brunn, «Metropolis Berlin», in: *Metropolis Berlin: Berlin als deutsche Hauptstadt im Vergleich europäischer Hauptstädte 1871–1939.* Hrsg. Gerhard Brunn und Jürgen Reulecke, Bonn 1992, S. 1–38, hier S. 25.

15 Jens Bisky, *Berlin. Biographie einer großen Stadt,* Berlin 2019, hier S. 487.
16 Charles W. Eagles, «Congressional Voting in the 1920s: A Test of Urban-Rural Conflict», in: *The Journal of American History,* 76 (1989), S. 528–534; Ders. «Urban-Rural Conflict in the 1920s: A Historiographical Assessment», in: *The Historian,* 49/1 (1986), S. 26–48.
17 Raphael Schöttler, *Essays on Germany: Market Access, Industry Location, Price of Land,* Berlin 2016; Pierre-Philippe Combes, Miren Lafourcade, Jacques-François Thisse und Jean-Claude Toutain, «The rise and fall of spatial inequalities in France: A long-run perspective», in: *Explorations in Economic History,* 48/2 (2011), S. 243–271.
18 Nikolaus Wolf, «Regional economic growth in Germany, 1895–2010», in: *The Economic Development of Europe's Regions.* Hrsg. Joan R. Rosés und Nikolaus Wolf, London 2018, S. 149–176.
19 Therborn, *Cities of Power,* a. a. O., hier S. 35.
20 Zitiert nach Large, *Berlin,* a. a. O., hier S. 164.
21 Alexander Dobrindt, «Mehr Bürgerlichkeit wagen – Plädoyer für eine bürgerlich-konservative Wende», https://www.csu-landesgruppe.de/themen/innen-und-recht-verbraucherschutz-und-kommunalpolitik/mehr-buergerlichkeit-wagen-plaedoyer-fuer-eine-buergerlich-konservative-wende [letzter Zugriff: 16.12.2021].
22 Large, *Berlin,* a. a. O., hier S. 65.
23 Stremmel, *Modell und Moloch,* a. a. O., hier S. 160.
24 Verena Mayer, «‹Vorsicht, Sie verlassen den funktionierenden Teil Deutschlands›», *Süddeutsche Zeitung,* 05.12.2018.
25 Thomas E. Schmidt, «Romantisches Berlin», *DIE ZEIT,* 21.10.2021.
26 Stremmel, *Modell und Moloch,* a. a. O., hier S. 189.
27 Kati Volgmann, *Metropole. Bedeutung des Metropolenbegriffs und Messung von Metropolität im deutschen Städtesystem,* Dortmund 2012, hier S. 88.
28 Detlef Briesen, *Berlin – die überschätzte Metropole. Über das System der deutschen Hauptstädte von 1850 bis 1940,* Bonn 1992.
29 Volgmann, *Metropole,* a. a.O.; Kati Volgmann, «Entwicklung metropolitaner Funktionen im polyzentralen deutschen Städtesystem – Raummuster der Konzentration und funktionalen Spezialisierung», in: *Raumforschung und Raumordnung,* 72/1 (2014), S. 21–37; Kati Volgmann und Angelika Münter, «Understanding metropolitan growth in German polycentric urban regions», in: *Regional Studies,* Online First (2020).
30 Eigene Darstellung auf Basis der Daten in Volgmann und Münter, «Understanding metropolitan growth», a. a. O.
31 Bundesministerium für Umwelt, Naturschutz, Bau und Reaktorsicherheit, «Bericht der Beauftragten der Bundesregierung für den Berlin-Umzug und den Bonn-Ausgleich zum Sachstand der Umsetzung des Gesetzes zur Umsetzung des Beschlusses des Deutschen Bundesta-

ges vom 20. Juni 1991 zur Vollendung der Einheit Deutschlands vom 26. April 1994 (Berlin/Bonn-Gesetz)».

32 Volgmann, «Entwicklung metropolitaner Funktionen im polyzentralen deutschen Städtesystem», a. a. O., hier S. 169.

33 Fabio Ellger, Hanno Hilbig, Sascha Riaz und Philipp Tillmann, «Local Newspaper Decline and Political Polarization», *Working Paper* (2021).

34 Mark Frary, «How Berlin became the capital of cool», *The Times*, 14.04.2018.

35 Large, *Berlin*, a. a. O., hier S. 535.

36 Quelle: Börsenverein des Deutschen Buchhandels, *Wirtschaftszahlen*, verschiedene Jahre.

37 Eigene Berechnung auf Basis von Deutsches Zentrum für Hochschul- und Wissenschaftsforschung, «Wissenschaftsbefragung 2019/20», (2020).

38 Axtner, Birmann und Wiegner, «Professoren als Wochenendpendler», a. a. O.

39 Bisky, *Berlin*, a. a. O., hier S. 855; Martin Pätzold, *Transformationsprozess der Berliner Wirtschaft. Entwicklungen in West- und Ost-Berlin nach der Wiedervereinigung*, Chemnitz 2013, hier S. 31.

40 Matthias Diermeier, Henry Goecke und Faton Rushiti, «Berliner Wirtschaftskraft: resilient und sexy?», *IW-Kurzbericht 41/2021* (2021).

41 Hinzu kommen noch einmal fast genauso hohe Mittel aus dem Solidarpakt I und II.

42 Diermeier et al., «Berliner Wirtschaftskraft: resilient und sexy?», a. a. O.

43 EY, «Start-up-Barometer Deutschland».

44 Rickardsson et al., «The Stockholm Syndrome», a. a. O.

Repräsentationsfragen: Wer in Berlin gehört wird

1 Wolfgang Leininger, «The Fatal Vote: Berlin versus Bonn», in: *Finanzarchiv*, 50 (1993), S. 1–20; Franz Urban Pappi, «Die Abstimmungsreihenfolge der Anträge zum Parlaments- und Regierungssitz am 20. Juni 1991 im Deutschen Bundestag», in: *Zeitschrift für Parlamentsfragen*, 23/3 (1992), S. 403–412.

2 So z. B. Kim Björn Becker, «Der Bundestag und seine ‹Sternstunden›, *Frankfurter Allgemeine Zeitung*, 23.04.2019. Schon in der Debatte selbst wurde sie von zwei Rednern, Christian Schwarz-Schilling und Rupert Scholz, zur «Sternstunde» ausgerufen.

3 Niklas Haffert, «Die ‹Vollendung der Einheit Deutschlands› – Geographische Einflüsse auf das Abstimmungsverhalten von Bundestagsabgeordneten», Universität Konstanz (2019).

4 Manfred Görtemaker, «Die Entstehung der Berliner Republik», in: *Dossier Hauptstadtbeschluss*. Hrsg. Bundeszentrale für politische Bildung, 2011, S. 12–21, hier S. 14.

5 Benedikt Erenz, «Berlin sei Bonn!», *Die Zeit*, 09.06.2016.
6 Deutscher Bundestag, «Plenarprotokoll. Stenografischer Bericht der 34. Sitzung der 12. Wahlperiode», hier S. 2746.
7 Ibid., S. 2840.
8 Ibid., S. 2745.
9 Ibid., S. 2781.
10 Ibid., S. 2866.
11 Ibid., S. 2767.
12 Ibid., S. 2794.
13 Nils Minkmar, «Nach vier Jahren wieder entdeckt: der Mensch draußen im Lande», https://uebermedien.de/63237/nach-vier-jahren-wieder-entdeckt-der-mensch-draussen-im-lande/ [letzter Zugriff: 03.11.2021].
14 Haffert et al., «Appealing to the local voter», a. a. O.
15 Tatsächlich beklagten Kommentatoren schon in den 1950er-Jahren, der Bundeshauptstadt fehle «der politische Kontakt mit dem Volk», vgl. https://www.zeit.de/1991/11/raumschiff-bonn [letzter Zugriff: 27.01.2022]
16 Lea Elsässer, *Wessen Stimme zählt? Soziale und politische Ungleichheit in Deutschland*, Frankfurt 2018; Lea Elsässer, Svenja Hense und Armin Schäfer, «Government of the People, by the Elite, for the Rich: Unequal Responsiveness in an Unlikely Case», *MPIfG Discussion Paper 18/5* (2018).
17 Denise Traber, Miriam Hänni, Nathalie Giger und Christian Breunig, «Social status, political priorities and unequal representation», in: *European Journal of Political Research*, Online First (2021).
18 Armin Schäfer und Michael Zürn, *Die demokratische Regression*, Berlin 2021.
19 Armin Schäfer, «Die Akademikerrepublik: Kein Platz für Arbeiter und Geringgebildete im Bundestag?», in: *Gesellschaftsforschung* 2/2013, (2013), S. 8–13.
20 Nicholas Carnes, *White-collar government: the hidden role of class in economic policy making*, Chicago 2013; Tom O'Grady, «Careerists Versus Coal-Miners: Welfare Reforms and the Substantive Representation of Social Groups in the British Labour Party», in: *Comparative Political Studies*, 52/4 (2019), S. 544–578; Hanna Bäck und Marc Debus, «Personalized versus partisan representation in the speeches of migrant members of parliament in the German Bundestag», in: *Ethnic and Racial Studies*, 43/9 (2020), S. 1673–1691; Jessica Fortin-Rittberger und Christina Eder, «Towards a Gender-equal Bundestag? The Impact of Electoral Rules on Women's Representation», in: *West European Politics*, 36/5 (2013), S. 969–985.
21 vgl. Mark Granovetter, «The Strength of Weak Ties», in: American Journal of Sociology 78/6 (1973), S. 1360–1380; Iversen und Soskice, Democracy and Prosperity, a. a. O., S. 205
22 https://shmh.de/de/shmh-bauprojekte [letzter Zugriff: 21.12.2021].

23 Hamburger Morgenpost, «Fast sechs Millionen aus Berlin: Geldsegen für Hamburgs Denkmäler», 06.05.2020.

24 Frankfurter Allgemeine Zeitung, «Mehr Geld für alle», 06.06.2014.

25 Kahrs und Kruse kamen beide aus Hamburg, aber nicht aus demselben Wahlkreis. Während Kahrs den Wahlkreis Hamburg-Mitte vertrat, trat Kruse in Eimsbüttel an.

26 Die Zahlen für 2021 berücksichtigen bereits, dass drei Abgeordnete, darunter Annegret Kramp-Karrenbauer und Peter Altmaier, ihr Mandat nicht angetreten haben.

27 Diese Ungleichrepräsentation wäre vermutlich noch stärker ausgeprägt, wenn die beiden größten deutschen Städte nicht eigene Bundesländer wären. So ist die Anzahl der Abgeordneten aus diesen Städten durch die Landesliste begrenzt und eine Überrepräsentation weitgehend ausgeschlossen.

28 Agnes Blome und Kai-Uwe Müller, «Gekommen, um (unterrepräsentiert) zu bleiben? Frauenanteil im Deutschen Bundestag stagniert seit über 20 Jahren bei einem Drittel», in: *DIW Wochenbericht*, 43 (2021), S. 711–719.

29 Vgl. hierzu detailliert Lukas Haffert, «Unequal Geographic Representation in a Mixed-Member Electoral System: Evidence from the German Bundestag», in: *German Politics*, Online First (2021).

30 Vgl. dazu für die USA James G. Gimpel, Frances E. Lee und Rebecca U. Thorpe, «The wellsprings of candidate emergence: Geographic origins of statewide candidacies in the United States», in: *Political Geography*, 30/1 (2011), S. 25–37.

31 Philip Manow, «Mixed Rules, Different Roles? An Analysis of the Typical Pathways into the Bundestag and of MPs' Parliamentary Behaviour», in: *Journal of Legislative Studies*, 19/3 (2013), S. 287–308; Thomas Zittel, Dominic Nyhuis und Markus Baumann, «Geographic representation in party-dominated legislatures: A quantitative text analysis of parliamentary questions in the German Bundestag», in: *Legislative Studies Quarterly*, 44/4 (2019), S. 681–711.

32 Thomas Zittel, «Patterns of personal vote seeking in mixed electoral systems: the politics of retrenchment in German defence policy», in: *Representation*, 50/1 (2014), S. 41–53.

33 Suzanne S. Schüttemeyer und Roland Sturm, «Der Kandidat – das (fast) unbekannte Wesen: Befunde und Überlegungen zur Aufstellung der Bewerber zum Deutschen Bundestag», in: *Zeitschrift für Parlamentsfragen*, (2005), S. 539–553.

34 Markus Baumann, Marc Debus und Jochen Müller, «Personal characteristics of MPs and legislative behavior in moral policy making», in: *Legislative Studies Quarterly*, 40/2 (2015), S. 179–210; Haffert, «Unequal Geographic Representation in a Mixed-Member Electoral System», a. a. O.

35 Ulrike Kennert, *Das Informationsverhalten von Bundestagsabgeordneten. Eine Analyse der Entscheidungsprozesse im parlamentarischen System*, Baden-Baden 2018, hier S. 266 ff.

36 Rodden, *Why Cities Lose*, a. a. O.

37 Orit Kedar, Liran Harsgor und Raz A. Sheinerman, «Are Voters Equal under Proportional Representation?», in: *American Journal of Political Science*, 60/3 (2016), S. 676–691.

38 Laut einer Umfrage der Berliner Zeitung haben auch die meisten Abgeordneten ihre Wohnung, wenn auch nicht ihren Lebensmittelpunkt, in Mitte, vgl. https://www.berliner-zeitung.de/mensch-metropole/umfrage-so-wohnen-bundestagsabgeordnete-in-berlin-li.66053 [letzter Zugriff: 27.01.2022]

39 Sebastian Bukow und Thomas Poguntke, «Innerparteiliche Organisation und Willensbildung», in: *Handbuch Parteienforschung*. Hrsg. Oskar Niedermayer, Wiesbaden 2013, hier S. 192; Paul Webb und Robin Kolodny, «Professional Staff in Political Parties», in: *Handbook of Party Politics*. Hrsg. Richard S. Katz und William Crotty, London 2006, S. 337–347; Helmar Schöne, «Fraktionsmitarbeiter: Tätigkeitsprofil, Karrierewege und Rollenverständnis», in: *Zeitschrift für Parlamentsfragen*, 36/4 (2005), S. 791–808.

40 Sebastian Bukow, *Die professionalisierte Mitgliederpartei: Politische Parteien zwischen institutionellen Erwartungen und organisationaler Wirklichkeit*, Wiesbaden 2013, hier S. 19, 192; John Agnew und Michael Shin, *Mapping Populism: Taking Politics to the People*, Lanham et al. 2020, hier S. 38.

41 Bukow, *Die professionalisierte Mitgliederpartei*, a. a. O., hier S. 187.

42 Kennert, *Das Informationsverhalten von Bundestagsabgeordneten*, a. a. O.

43 Ibid., S. 221

44 Melanie Kintz, «Die Berufsstruktur des Deutschen Bundestages – 18. Wahlperiode», in: *Zeitschrift für Parlamentsfragen*, 45/3 (2014), S. 582–595. Dieser Trend lässt sich auch in anderen Ländern ganz ähnlich beobachten, siehe O'Grady, «Careerists Versus Coal-Miners», a. a. O.

45 Schöne, «Fraktionsmitarbeiter: Tätigkeitsprofil, Karrierewege und Rollenverständnis», a. a.O.; Pieter Moens, «Professional activists? Party activism among political staffers in parliamentary democracies», in: *Party Politics*, Online First (2021).

46 Bukow, *Die professionalisierte Mitgliederpartei*, a. a. O., hier S. 199.

47 Alexander Hertel-Fernandez, Matto Mildenberger und Leah C. Stokes, «Legislative Staff and Representation in Congress», in: *American Political Science Review*, 113/1 (2019), S. 1–18.

48 Bukow und Poguntke, «Innerparteiliche Organisation und Willensbildung», a. a. O., hier S. 193.

49 Alexiadou klassifiziert sie mit Beratern, Ökonomen, Ingenieuren und

Wissenschaftlern als «technical professionals», vgl. Despina Alexiadou, «Cabinet ministers and inequality», in: *European Journal of Political Research,* Online First (2021).

50 Nathalie Giger und Gijs Schumacher, «Bringing party organization back in: a comparative analysis of party representation in Europe», in: *Political Science Research and Methods,* 8/4 (2020), S. 692–706.

51 Bukow und Poguntke, «Innerparteiliche Organisation und Willensbildung», a. a. O.

52 Jana Faus et al., Aus Fehlern lernen. Eine Analyse der Bundestagswahl 2017, Berlin (2018).

53 Kevin Hagen und Veit Medick, «Der Joker», https://www.spiegel.de/politik/deutschland/carsten-linnemann-im-cdu-machtkampf-ein-moeglicher-kandidat-fuer-den-parteivorsitz-a-93f6a9f8-4ee7-48a9-8ae1-7f1376478acc [letzter Zugriff: 16.12.2021].

Eine Normalisierung?

1 Das Erste, «Neue Rubrik «tagesthemen mittendrin»,» https://www.daserste.de/specials/ueber-uns/tagesthemen-mittendrin100.html [letzter Zugriff: 27.01.2022]

2 David Neumark und Helen Simpson. 2015. «Place-Based Policies.», in: *Handbook of Regional and Urban Economics,* Hrsg. Gilles Duranton, et al, Amsterdam 2015, S. 1197–1287.

3 Xenia Frei und Marcel Thum, «Behördenverlagerungen verändern die Arbeitsmarktstruktur», in: *ifo Dresden berichtet* 3(2019), S. 6–8.

4 Ann-Kathrin Jeske, «Raus aus dem Bagger, rein ins Büro?,» https://www.deutschlandfunk.de/kohleausstieg-in-ostdeutschland-raus-aus-dem-bagger-rein.724.de.html?dram:article_id=457392 [letzter Zugriff: 27.01.2022].

5 Siehe hierzu ausführlich Lukas Haffert, «Wie aus Progressiven Nostalgiker wurden» In *Kein schöner Land: Angriff der Acht auf die deutsche Gegenwart.* Hrsg. Leander Steinkopf, et al., München 2019, S. 123–145.

6 Statistisches Bundesamt, «Deutsche Großstädte im Jahr 2020 nicht mehr gewachsen», *Pressemitteilung Nr.* 485 *vom 14. Oktober 2021* (2021)

Register